DIPLOMATES

ET

HOMMES D'ÉTAT CONTEMPORAINS

LE CARDINAL CONSALVI

Imprimé par Charles Noblet, rue Soufflot, 18.

ERNEST DAUDET

DIPLOMATES ET HOMMES D'ÉTAT

CONTEMPORAINS

LE

CARDINAL CONSALVI

1800-1824

PARIS

MICHEL LÉVY FRÈRES, LIBRAIRES-ÉDITEURS

RUE VIVIENNE, 2 BIS, ET BOULEVARD DES ITALIENS, 15

A LA LIBRAIRIE NOUVELLE

1866

INTRODUCTION

Ce livre est le premier d'une série qui, dans la pensée de l'auteur, doit être continuée, si l'accueil du public encourage sa tentative et si la vie, avec ses déceptions et ses luttes, lui laisse le temps de la mener à bonne fin.

Il y a dans l'histoire toute une galerie d'illustres personnages autour desquels viennent se grouper les événements, surtout aux époques remuées et bruyantes. Raconter l'histoire publique de ces hommes ; dégager de la foule leur personnalité ; rechercher l'idéal qu'ils ont apporté dans la pratique des affaires publiques ; étudier, à leur ombre, les faits spéciaux auxquels ils ont pris une importante part, — et qui, en raison même de leur spécialité, ne peuvent être développés sous toutes leurs faces dans un livre d'histoire générale, — c'est mettre en plein jour les gran-

des figures d'une époque et rendre plus palpables les
événements, leurs causes et leurs résultats. L'auteur
a tenté d'appliquer ce système à l'histoire contemporaine.

Après Napoléon, dont la personnalité grandiose
remplit le premier plan dans toute la partie de notre
histoire qui va de 1800 à 1815, il est peu d'hommes,
il n'y en a peut-être pas, qui occupent une place aussi
importante que le cardinal Consalvi. Il entre dans la
vie publique au conclave de Venise, et il ne s'en re-
tire plus qu'en 1823, après avoir fait élire Pie VII,
négocié le Concordat, tenu tête à l'Empereur, inspiré
la résistance du Pape, partagé ses malheurs, consolé
les derniers jours de sa captivité et reconquis son pouvoir temporel au congrès de Vienne. Il traverse donc,
et il traverse en maître, la grande crise religieuse du
XIXᵉ siècle. Il la voit naître, il la combat, et lorsqu'il
n'est plus là pour défendre la Papauté et l'Eglise,
c'est son souvenir et ses traditions qui s'imposent à
ses successeurs.

A la même époque, la France, après dix années de
paix et de liberté, voit se préparer pour elle un avenir gros d'orages. Au congrès de Vienne, les maîtres
du monde n'avaient pas tenu compte des traces profondes laissées dans le sein de l'Europe par la Révolution française. C'est contre les flots envahissants de

la démocratie qu'ils avaient essayé de réagir. Parmi les hommes qui tentent, sous Charles X, de réconcilier la démocratie avec un gouvernement engagé, malheureusement pour lui, dans la Sainte-Alliance et dont les chefs n'avaient que le tort de rappeler l'ancien régime, deux surtout semblent dominer le mouvement : Martignac et Royer-Collard. En eux se personnifie la période la plus intéressante de la Restauration.

Mais la Restauration est emportée : qui va tenir la place principale sous la monarchie de Juillet? Qui va chercher la solution du grand problème libéral? Casimir Périer. Après lui, qui sera l'homme-lige du souverain de 1830? qui représentera au plus haut degré les aspirations, les bienfaits, les fautes de cette monarchie qui mit trois jours à naître et dix-huit ans à mourir? M. Guizot.

Enfin, au lendemain d'un malheureux essai de République, en qui s'incarnera surtout l'Empire démocratique de Napoléon III? En quelques hommes qui, durant douze années, remplissent la scène : Baroche, Walewski, Rouher, Persigny, et, à leur tête, les deux que nous pleurons encore, Billault et le duc de Morny.

L'auteur a pensé que de tels hommes et de tels événements, bien qu'ils aient eu déjà leurs historiens, leurs critiques, leurs apologistes, pouvaient être de nouveau mis sous les yeux du lecteur, et qu'un livre qui, sans être l'histoire complète d'une époque, en ressusciterait les côtés les plus saillants et les coordonnerait autour de ses principaux acteurs, que ce livre aurait sa portée et son utilité. Telle est la pensée de laquelle est sorti ce travail spécial sur le cardinal Consalvi et sortiront successivement de consciencieuses études sur Martignac, Royer-Collard, Casimir Périer, Guizot, Billault et le duc de Morny. Celles-ci, rattachées l'une à l'autre, résumeront l'histoire des grandeurs et des vicissitudes de notre pays depuis cinquante années.

En ce qui concerne l'étude qui suit, l'auteur ne s'est pas dissimulé les difficultés qu'il devait rencontrer dans l'accomplissement de sa tâche. Les événements qui ont immortalisé le nom de Consalvi, c'est-à-dire le conclave de Venise en 1800, le Concordat de 1801, la crise que traversa la papauté de 1809 à 1813, le congrès de Vienne, ont eu leurs narrateurs et leurs commentateurs en grand nombre, — et parmi eux un illustre historien français, — et peut-être y a-t-il quelque témérité à les raconter aujourd'hui de nouveau. Il faut remarquer cependant qu'ils n'ont jamais été groupés dans un même récit, de façon à former une œuvre spéciale, et que le Concordat de 1817, à la négociation duquel Consalvi prit une si grande part, n'a pas encore été raconté.

La récente publication des Mémoires du cardinal, en ravivant tout à coup les souvenirs éclatants que cet homme d'Etat a laissés, est venue porter une lumière nouvelle sur les faits auxquels il fut mêlé.

Néanmoins, ces Mémoires ne pouvaient être considérés comme le livre définitif à écrire pour donner à son nom une place digne de lui. Ils se composent uniquement de cinq récits que rien ne rattache entre eux, et dans lesquels on ne peut voir, quel que soit leur intérêt, que des documents pour servir à son histoire. Les faits qu'il raconte sont nécessairement incomplets sous sa plume, car il n'en a aperçu qu'un côté et n'a pu les juger qu'à son point de vue. En outre, ses Mémoires datés de Reims ne nous conduisent qu'à la fin de 1811. C'est dire que des événements importants auxquels il fut mêlé depuis n'y sont point mentionnés. Son voyage à Fontainebleau, en 1813, son retour à Rome, son excursion à Londres, sa présence au congrès de Vienne, le Concordat de 1817, enfin sa rentrée au ministère, voilà toute une série de faits sur lesquels malheureusement il a gardé le silence. Son silence explique ce livre.

Avant de l'écrire, nous avons consulté la plupart des documents dont nos archives sont remplies, un grand nombre d'ouvrages dont on trouvera plus loin la liste ; et enfin l'éloquente introduction dont M. Crétineau Joly, appelé à l'honneur de publier les papiers du cardinal, a fait précéder sa publication.

Malheureusement, dans cette introduction, M. Crétineau Joly a mis, à côté de ses qualités d'écrivain, toutes ses passions politiques. Son fougueux ultramontanisme remplit ces pages brûlantes et s'y traduit en récriminations exagérées, en épithètes injurieuses contre ceux qui ne pensent pas comme lui. Ce n'est pas honorer la mémoire de Consalvi que de placer sous son inspiration une polémique de cette sorte. Vivant, il l'eût désavouée ; car il détestait, dans le langage comme dans les actes, tout ce qui ressemblait à la violence. C'est pour cela qu'on ne peut guère, serait-on un adversaire déclaré de l'Eglise, ne pas lui être sympathique.

De tous les hommes que Napoléon Ier rencontra sur sa route, nul ne se montra plus grand ni plus courageux que Consalvi. Placé dans l'impossibilité de résister, les armes à la main, au plus infatigable conquérant des temps modernes, il épuisa vis à vis de lui tous les moyens de résistance morale, et déjà Pie VII, vaincu par la souffrance et par l'âge, cédait aux volontés du maître du monde, que Consalvi, quoiqu'emprisonné dans Reims, n'était pas encore soumis.

Sa carrière fut longue, laborieuse et accidentée. Prince de l'Eglise et secrétaire d'État du gouvernement romain pendant la période la plus orageuse du pontificat de Pie VII, il sut combattre pour des principes auxquels il avait voué sa vie, et pour le pape dont il était devenu l'ami le plus intime et le conseiller le plus habile. Obligé de quitter la direction des affaires devant les soupçons mal fondés de Napoléon Ier, et de céder à un autre le poste périlleux dans lequel il avait déployé tant d'éminentes qualités, il sut faire de sa retraite forcée un piédestal pour sa renommée future. Il ne cessa de fournir au gouvernement romain d'utiles conseils, et dans le branle-bas terrible qui compromit l'Église et enleva ses États à Pie VII, Consalvi déploya au service de son maître une énergie qui n'eut d'égale que celle du cardinal Pacca, et qui fut la consolation et l'appui du pape jusqu'au jour où la captivité de Savone vint mettre une infranchissable barrière entre lui et ses redoutables conseillers, qu'il devait revoir à Fontainebleau en 1813.

Cependant les événements se succédèrent avec leur rigidité accoutumée, contre laquelle vint se briser la fortune de Napoléon Ier. Revenu triomphalement dans Rome, Pie VII rappela sur-le-champ son ministre favori et lui confia de nouveau le sort de sa puissance temporelle. Consalvi fut alors le grand homme d'État dont le génie diplomatique, maintes fois révélé, s'affirma définitivement au congrès de Vienne. C'est la période à la fois la plus calme et la plus éclatante de sa vie. Tandis qu'il gouverne véritablement dans Rome, les hommages les plus flatteurs lui sont rendus de tous les coins de l'Europe. Les souverains lui écrivent, et ses amis sont les plus illustres personnages de ce temps. Canova, Lawrence, Humboldt, Talleyrand, Metternich, expriment hautement l'admiration que leur inspire Consalvi, et le prince régent d'Angleterre lui témoigne l'affection la plus tendre et la plus dévouée. Cette existence pleine d'enchantements ne saurait distraire le cardinal de l'œuvre à laquelle il s'est voué, ni l'arracher à sa vie modeste. Je ne connais de lui qu'un portrait fait sans doute à cette époque, et qui rappelle les plus beaux types connus. Le front est fuyant, dégarni aux tempes, proéminent à la base ; dans le regard, il y a tout à la fois l'esprit et la fermeté. En un mot, c'est une tête imposante et fière. On ne saurait en rêver une autre pour le dignitaire qui promena la pourpre romaine en France avant même que les autels fussent relevés, et qui ne voulut pas la quitter pour entrer en Angleterre, où, depuis si longtemps, elle n'avait pas été vue.

Ce qui précède laisse deviner quelle importante part le grand cardinal, comme on l'appelle à Rome, prit à tous les événements qui eurent pour cause les querelles de Pie VII et de Napoléon Ier. Les actes de sa vie ont, à ce point de vue, un premier élément d'intérêt. Ils en offrent un second non moins réel, si on rapproche des faits qui ont illustré Consalvi ceux dont l'Italie est aujourd'hui le théâtre.

La question est la même en 1866 qu'en 1809. Il s'agit, aujourd'hui comme alors, de savoir si le Pape a besoin, pour gouverner la catholicité, d'une indépendance complète, et si cette indépendance il peut la conserver sans une possession territoriale. La question n'est pas encore résolue. Mais, si l'expérience de ceux qui nous ont précédés servait à quelque chose, elle devrait l'être déjà. L'auteur essaiera de dire, dans les pages qu'on va lire, comment il entend cette solution.

Un homme de la valeur de Consalvi eût créé des institutions libérales et assuré leur avenir dans un gouvernement dégagé de préjugés. Mais ceux de la Cour romaine paralysèrent constamment les efforts auxquels il se livra pour trouver une moyenne équitable entre les principes d'absolutisme pratiqués à Rome, et dont il sentait le danger, et ceux de la Révolution, qu'à cause de son éducation il ne pouvait comprendre et ne comprit jamais. Pour résoudre les difficultés de cette situation, il eût fallu pactiser avec le nouveau régime dans ce qu'il avait de moral et de chrétien. Il osa faire une tentative dans ce sens, mais, effrayé par les premières résistances qu'il rencontra autour de lui, parmi ces Romains si prompts à la critique, et si lents à accepter le bien qu'on veut leur faire; ne trouvant pas dans ses propres convictions, encore peu ou mal formées sur ce point, des arguments décisifs, il interrompit sa tâche et ne la reprit pas, bien que de ses premiers efforts fussent sortis des résultats qui durent encore, presqu'un demi-siècle après lui.

C'est au dehors surtout qu'il étendit l'influence de l'Église. Dans l'assemblée diplomatique de Vienne, il obtint pour le gouvernement pontifical tout ce qu'il demanda, parce qu'il sut habilement le demander, et, après la gloire d'avoir négocié le Concordat, ce fut sa plus grande gloire, puisque ce qu'il demandait et ce qu'il obtint n'était rien moins que le rétablissement du Pape dans des États que l'Autriche et Naples convoitaient. Après avoir connu les périls du combat, il connut les douceurs de la victoire. Il quitta Vienne en conquérant, laissant après lui une réputation telle, qu'il passa justement, depuis, pour le premier diplomate des temps modernes. Il entra dans Rome chargé de lauriers, et vint déposer aux pieds de Pie VII le traité qui rendait à la Papauté ses anciennes provinces. Un bas-relief placé au-dessous du buste du cardinal, dans le Panthéon d'Agrippa, où son cœur repose, a immortalisé cette négociation victorieuse.

E. D.

DIPLOMATES

ET

HOMMES D'ÉTAT CONTEMPORAINS

LE CARDINAL CONSALVI

LE CONCLAVE DE VENISE

1799 — 1800

Hercule Consalvi naquit à Rome, le 8 juin 1757, d'une noble famille originaire de Pise. Sa jeunesse maladive n'offre aucun fait digne de remarque. Il commença ses études au collége d'Urbino, les termina au collége Frascati, et fit son droit ecclésiastique à l'Académie religieuse de Rome. Au mois d'avril 1783, il fut nommé camérier secret, ce qui est le premier pas dans la carrière de la prélature et ce qui fut son entrée dans la cour de Pie VI.

Beau de sa personne, élégant de manières, ami du faste, Pie VI avait eu cette ambition qui est celle de

tous les papes nés grands seigneurs, de ressusciter
dans sa cour les traditions de Léon X. Mais des préoccupations plus graves, d'abord arrêtés avec l'empereur
d'Allemagne, et, plus tard, le contre-coup causé dans
les États-Romains par la Révolution française, avaient
arrêté dans leur cours ses goûts artistiques.

Son entourage n'en avait pas moins gardé une
physionomie particulière due au contact continuel
des hommes et des choses de l'art dont on le savait
constamment occupé. Consalvi arriva trop tard dans
la cour romaine pour connaître le célèbre antiquaire
allemand Winckelmann auquel Rome est redevable
d'œuvres immortelles. Mais il y connut le grand Cima-
rose qui devint son meilleur ami, comme, plus tard, il
devait connaître à la cour de Pie VII le statuaire Thorwaldsen auquel échut la tâche de faire son tombeau.
Il s'y lia un peu plus tard avec le cardinal Maury qui,
tout palpitant encore de ses grandes luttes avec Mirabeau, était venu chercher à Rome un refuge contre la
Terreur, et qui devait, à Venise, en 1800, aider de la
manière la plus décisive l'élection du successeur de
Pie VI. Il y fut aussi présenté par le cardinal d'York,
le dernier des Stuart, aux dames de France, tantes de
Louis XVI, sut leur plaire et devint leur protégé.

A la cour pontificale, Consalvi ne paraît pas avoir
brillé d'un grand éclat. Le pape aimait à être flatté
et sollicité. Consalvi n'était ni flatteur ni solliciteur.
Mais ses qualités étaient telles que, bien qu'il se fût
abstenu de suivre les usages adoptés par les prélats
ouvertement ambitieux, et notamment de visiter les
neveux du pape, son avancement fut rapide. En 1797

c'est-à-dire treize années après son entrée dans la
prélature, nous le trouvons auditeur de rote et chargé
des affaires militaires. Sauf la pourpre cardinalice, il
n'avait plus rien à désirer, et on aime, pour l'honneur d'un caractère tel que le sien, à constater que
son mérite avait eu la plus grande part dans cet avancement. Il n'avait attendu ni ces honneurs, ni ce moment pour prouver son dévouement et son courage.
En 1794, il s'était mêlé d'une manière active aux
pourparlers qui eurent lieu entre l'Angleterre et
Pie VI pour la conclusion d'une alliance offensive et
défensive contre la France. La papauté négociant
avec Pitt sortait de son rôle, mais dans cette erreur
qu'elle expia cruellement à Tolentino, le futur cardinal révéla autant de sagacité que de hardiesse, ce qui
lui valut de la part du comte de Provence des félicitations auxquelles Louis XVIII se plaisait à faire allusion vingt-quatre ans plus tard, en écrivant à Consalvi,
après la conclusion du concordat de 1817.

Toutefois, il n'était pas arrivé aux honneurs sans
éprouver plus d'un petit chagrin, sans souffrir des
ambitions qui s'agitaient autour de lui et obtenaient
ce qu'il aurait désiré et ce que sa fierté lui faisait un
devoir de ne pas demander. Il n'y avait pas jusqu'au
pape lui-même qui n'entrât en concurrence, pour le
compte de ses protégés, avec le jeune monsignor pour
lequel il avait plus d'estime que d'amitié. Il faut lire
à ce sujet, dans les mémoires de Consalvi, l'histoire
du vicariat de Saint-Pierre, que son illustre ami le
cardinal d'York, archiprêtre de la basilique, lui avait
conféré. C'est par ces petits faits qu'on apprend, avec

Consalvi, à connaître la cour romaine. Il n'accuse personne, il ne se plaint jamais; mais il dit tout, et sa franchise est singulièrement instructive.

Nous arrivons maintenant à des événements plus graves. 1797 fut une date fatale pour l'Église et pour Consalvi, qui perdit sa mère au mois d'avril. Au commencement de cette année, Pie VI avait été contraint de signer le désastreux traité de Tolentino, qui lui enleva la presque totalité de ses États, et notamment Avignon et le Comtat Venaissin qu'il ne devait plus recouvrer. Au mois de décembre, le 28, le général français Duphot fut assassiné dans les rues de Rome. Consalvi était assesseur de la congrégation militaire, et sa responsabilité se trouvait engagée dans cette déplorable affaire. Qu'y avait-il qui pût lui être reproché dans la mort du jeune général? Duphot était venu à Rome pour y épouser une des sœurs de Bonaparte, Pauline, celle qui fut plus tard la princesse Borghèse et qu'on venait de refuser, — circonstance peu connue, — au fils du critique Fréron, qu'elle aimait. Duphot était éperdument épris. Mais, à cette époque, l'odeur de la poudre et du sang avait exalté tous les cerveaux, et le jeune général oublia un moment son amour pour fomenter une révolte contre le pape. Il trouva la mort dans une émeute vulgaire. Personne n'était coupable que lui. Mais, dès le lendemain, le bruit se répandit qu'il était tombé dans un guet-apens que les prêtres lui avaient tendu. Consalvi lui-même fut désigné comme un des complices. Le cardinal Doria, alors secrétaire d'État, courut auprès de Joseph Bonaparte, ambassadeur de la République, et là, au lieu de garder une attitude ferme et digne, il se confondit en excuses dont l'humilité équivalait à un aveu. Joseph Bonaparte ne voulut en entendre aucune, et, le lendemain, il quittait Rome, emmenant avec lui le personnel de l'ambassade. Quelques années plus tard, un homme éminent, dont le nom reviendra souvent dans ce récit, M. Cacault, écrivant au premier consul, s'exprimait en ces termes, au sujet de la mort de Duphot : « Personne à Rome n'a donné l'ordre de tirer « ou de tuer qui que ce soit. Le général Duphot a été « imprudent ; tranchons le mot, il a été coupable. Il « y avait à Rome un droit des gens, comme partout.» Voilà le dernier mot de l'histoire. Mais le Directoire, qui cherchait un prétexte pour faire entrer l'armée française dans la ville éternelle, s'empressa de saisir celui-ci.

Quinze mille hommes marchent alors sur Rome, sous les ordres de Berthier. Le 9 janvier 1798, ce corps d'armée occupait les hauteurs de Monte-Mario et se mettait en correspondance avec les républicains, déjà nombreux dans Rome. Le 10, après un échange de pourparlers entre le général de l'armée française et le secrétaire d'État, Mgr Consalvi reçut l'ordre de faire sortir du château Saint-Ange les troupes pontificales, et mille soldats français vinrent, sans coup férir, les y remplacer. Ainsi Rome se livrait, pieds et poings liés, à des soldats qui venaient, disait-on, venger la mort de Duphot.

Le même jour, Consalvi fut prévenu par un membre du club des jacobins, auquel il avait autrefois rendu service, qu'il était le premier sur la liste des

personnes que le général français avait ordre de faire
arrêter. Pressé de fuir, il refusa dans un langage plein
de noblesse et de vé énce, ne voulant pas, dans ces
heures périlleuses, abandonner son poste au départe-
ment militaire. Il se fit un honneur de maintenir la
tranquillité publique, au milieu de ce grand désas-
tre, de suppléer, par son énergie et son activité, à
l'absence de plusieurs fonctionnaires qui déjà se
cachaient, et d'atténuer le triste effet des conseils
que d'autres, par jalousie ou par peur, donnaient
à un pontife doublement affaibli par l'âge et par
l'imminence du péril. Deux jours plus tard, il fut
écroué au fort Saint-Ange, et on parut vouloir l'y
oublier.

Le 15, le sacré collége se réunit dans la chapelle
Sixtine pour célébrer l'anniversaire de la création du
pape. La solennité fut triste. Les visages des cardinaux reproduisaient leurs émotions intérieures et
leurs alarmes. La cérémonie finissait lorsqu'on vint
annoncer à Pie VI que les Français entraient dans
Rome. En effet, Berthier montait au Capitole pour y
proclamer la République romaine et prononcer la
déchéance du pape, après avoir lu cette proclamation
sur laquelle il est difficile de jeter les yeux aujour-
d'hui sans sourire : « Mânes des Caton, des Pompée,
« des Brutus, des Cicéron, des Hortensius, recevez
« les hommages des Français libres dans le Capitole,
« où vous avez tant de fois défendu les droits du
« peuple et illustré la République romaine. Ces en-
« fants des Gaulois, l'olivier de paix à la main, vien-
« nent dans ce lieu auguste y rétablir les autels de la

« liberté dressés par le premier des Brutus. Et vous,
« peuple romain, qui venez de reprendre vos droits
« légitimes, rappelez-vous ce sang qui coule dans
« vos veines. Jetez les yeux sur les monuments de
« gloire qui vous environnent. Reprenez votre anti-
« que grandeur et les vertus de vos pères. »

Après cela, il n'y avait plus qu'à arrêter le pape.
C'est ce qu'on fit quelques jours plus tard. On l'enleva
de Rome pour l'enfermer dans la Chartreuse de Florence, première étape de ce douloureux voyage vers
l'exil qui ne devait finir qu'à Valence. Les cardinaux et
les prélats qui ne prirent pas la fuite subirent le sort
de leur maître et de Consalvi. Ce dernier demeura plusieurs mois au château Saint-Ange. Enfin les portes
de sa prison s'ouvrirent. On le conduisit à Civita Vec-
chia, où il rencontra plusieurs princes de l'Église. Au
moment où il se félicitait d'être réuni à ses compagnons d'infortune, on vint leur apprendre à tous que
leur sort était désormais fixé et qu'ils allaient être
embarqués pour Cayenne. La déportation, pour la
plupart d'entre eux, c'était la mort. Il est facile de se
figurer l'effet que dut produire cette nouvelle sur une
réunion de prêtres, en grand nombre vieux et infir-
mes, terrifiés tous par les événements qui s'étaient
brusquement succédé. On a beau être catholique fervent et prêtre de l'Église romaine, le martyre, dépouillé de l'appareil dont la légende montre celui des
saints environné, n'a rien de séduisant, alors surtout
qu'il ne doit profiter à personne qu'à vos ennemis. Mais
l'effroi fut de courte durée. Le Directoire avait sans
doute modifié ses ordres, car on vint apprendre aux

prisonniers que leur condamnation à la déportation était rapportée, que la peine de l'exil était prononcée contre eux et qu'ils seraient dirigés, par mer, vers le point qu'ils désigneraient.

Ici commence pour Consalvi une série d'aventures qu'il a racontées dans ses Mémoires avec de longs détails et qu'on y lira non sans un vif intérêt. Durant plusieurs semaines, il vécut de persécutions, libre un jour, prisonnier le lendemain, chassé de Rome, menacé souvent d'en sortir d'une manière ignominieuse. Ce ne fut qu'à son énergie qu'il dut de gagner Venise, où il arriva à la fin de 1798, après avoir eu la joie de voir Pie VI à la Chartreuse de Parme où le Directoire le tenait captif, et de recevoir sa suprème bénédiction.

L'année suivante, à la même époque, on apprit dans cette ville la nouvelle de la mort de Pie VI. Elle causa plus de regrets que de surprise, car chacun s'y attendait. Dans cette attente, le cardinal Albani, doyen du sacré collège, n'avait pas cessé de résider à Venise et s'y tenait prêt à réunir le conclave. Sur quarante-six cardinaux vivants, onze ne purent, à cause de leur grand âge ou de leurs infirmités, se rendre à Venise. Trois d'entre eux étaient Français et portaient des noms illustres : La Rochefoucault, Rohan et Montmorency. Trente-cinq prirent part au conclave. Un seul dans ce nombre appartenait à la France : c'était le cardinal Maury.

Tout était prêt lorsque le conclave fut sur le point d'être retardé par une question d'argent. La Révolution avait mis sous séquestre les biens des cardinaux et saisi leurs bénéfices. Plusieurs d'entre eux erraient à l'étranger depuis l'arrestation de Pie VI, tellement dénués de ressources qu'ils ne purent gagner Venise qu'avec l'aide de quelques personnes charitables. Parmi ceux qui n'avaient point été maltraités dans leur fortune, aucun n'était assez opulent pour payer les frais du conclave. Déjà l'on commençait à s'inquiéter, lorsque l'Autriche intervint. Elle offrit au cardinal doyen une somme de vingt-quatre mille écus romains, soit cent trente-sept mille francs environ de monnaie française. Cette intervention empêcha celui-ci de profiter de la générosité du plus riche citoyen de Rome, le banquier Torlonia, qui, à une autre époque, avait avancé déjà au Saint-Siège le montant des contributions de guerre stipulées dans le traité de Tolentino, et qui s'était mis, lui et sa fortune, aux ordres du Sacré-Collége.

Ces difficultés de détails résolues, le conclave fut ouvert le 30 novembre, dans un monastère de bénédictins, aux environs de Venise. Suivant la coutume, les cardinaux avaient au préalable nommé le secrétaire du conclave. Mgr Negroni, auquel cette charge revenait de droit, était à Rome, retenu par son grand âge et peut-être aussi par les sympathies qu'il avait, à ce qu'on croit, accordées à la Révolution, ce qui lui avait aliéné la confiance de ses collègues. Consalvi fut appelé, à l'unanimité, à l'honneur de le remplacer, après l'avoir instamment demandé, disent quelques historiens du temps, sans l'avoir jamais sollicité, dit-il lui-même dans ses Mémoires.

Le conclave dura trois mois et demi. Consalvi en a

longtemps et raconté les incidents, et sa narration absolument digne de foi diffère un peu de celles qui ont été publiées sur le même sujet, notamment par M. Artaud dans son *Histoire de Pie VII*, et par M. Thiers dans son *Histoire du Consulat et de l'Empire*. Ils sont toutefois tous d'accord sur un point : c'est que le conclave fut agité par des intrigues innombrables.

Tout d'abord, deux candidats se trouvèrent en présence : le cardinal Bellisomi, soutenu par le cardinal Braschi, neveu du pape défunt, et le cardinal Mattei, le même qui avait signé, avec les plénipotentiaires du général Bonaparte, le traité de Tolentino. Pendant plusieurs semaines, le premier eut invariablement de dix-huit à **vingt-deux voix**, le second de **treize à dix-sept**. Pour que l'un des deux fût élu, il lui eût fallu vingt-quatre voix, c'est-à-dire les **deux tiers des suffrages**. De guerre lasse, deux des amis du cardinal Mattei passèrent du côté de son concurrent. On crut que le nouveau pape serait élu le jour suivant et que ce serait Bellisomi.

Mais le cardinal Herzan, qui, à sa qualité de prince de l'Église, joignait les fonctions de plénipotentiaire autrichien, et qui avait reçu de son gouvernement l'ordre de faire réussir la candidature du cardinal Mattei, exprima au cardinal Braschi le mécontentement qu'éprouverait à l'empereur la nomination de Bellisomi. Il obtint que l'élection serait retardée jusqu'à ce qu'il eût pu prendre à cet égard l'avis de la cour de Vienne. Un courrier fut expédié, et un mois s'écoula sans qu'on reçût de réponse. Le silence

ainsi prolongé de l'empereu... faisait assez peu s...
ment, et Bellisomi se vit abandonné par ses partisa...
Les amis de Mattei essayèrent alors, ...
réunir les suffrages sur ce d... ... . Le ... jorité du
sacré collége ne lui pardonn... pas Tolentino et redoutait, peut-être à t..., sa faiblesse et sa timidité.
Mattei avait sign..., il est vrai, ... traité désastreux
pour le Saint-Siége; mais, en le ... ..., il avait sauvé
la papauté, que de grands ... ...
arracher à un p... ... certai... Ne pria..., avait-il ... ..
de courage lorsqu'il avait ... ... au général en
chef de l'armée d'Italie, qui le menaçait de le faire
fusiller : « Je ne d... de qu'un quart d'heure pour
me préparer à mourir? » ... n'en fut pas moins
écarté.

On songea alors ... ...dil. Cet illustre savant n'avait pas ambitionné la tia..., ... que ...
le croire Consalvi. Elle lui fut spontanément offerte
par un certain nombre de ses collègues. Gerdil n'a-
vait contre lui qu'une excessive austérité de caractère
qui faisait craindre qu'il ne devînt plus tard pour les
cardinaux autant un tyran qu'un pape. Il était plus
estimé qu'aimé. Néanmoins, dans l'embarras où on
se trouvait, et afin de faire cesser le scandale que
pouvait causer dans la catholi... la prolongation du
conclave, on l'aurait élu; mais ... ... autrichi... n...
vint de nouveau déclar..., au ... ... gouvernement, qu'elle ... ...

Ainsi, par deux ... ... les cardinaux du sacré collége
désirait témoigner à l'Autriche, ... pour la protection qu'il recevait d'elle que pour celle qu'il en

attendait encore, avaient fait avorter l'élection. Consalvi s'était créé dans le conclave de nombreux amis. Il avait reçu plus d'une confidence. Les motifs secrets de chacun lui étaient connus. Il devina le premier les intentions du gouvernement autrichien, intentions au fond d'une grande simplicité. Désireux de demeurer le maître des États de l'Église, que la France, accablée de revers en ce moment, était obligée d'évacuer, l'empereur d'Autriche voulait faire élire un pape à sa convenance, afin de se faire confirmer la cession imposée au Saint-Siége par le traité de Tolentino. Le gouvernement napolitain éprouvait, de son côté, la même ambition. Consalvi comprit dans quel double péril se trouverait l'Église, si l'élection du pape était due à l'influence autrichienne ou à l'influence napolitaine. Un long entretien eut lieu sur ce sujet entre lui et le cardinal Maury. S'il faut en croire les historiens cités plus haut, c'est à Consalvi qu'appartient la conception du nouveau plan qu'il s'agissait de faire prévaloir et qui prévalut. D'après Consalvi lui-même, l'honneur en revient tout entier au cardinal Maury. Sans doute il faut le partager entre eux. C'est de leurs fréquentes conversations que sortit la conviction qu'on avait tout à redouter de l'Autriche et de Naples, et tout à espérer de Bonaparte. De là le désir de faire nommer le cardinal Chiaramonti, que le général connaissait et estimait.

Ce désir et cette conviction, Consalvi fut chargé de les communiquer à tous les membres du conclave. M. Thiers a placé à cette occasion de fort belles paroles dans la bouche de Consalvi. Ce dernier ne les

rappelle en aucune façon dans ses Mémoires, peut-
être pour n'avoir pas à s'attribuer le succès de l'élection, peut-être parce que son langage ne fut ni aussi
affirmatif ni aussi explicite. On aime néanmoins à le
citer, car il indique chez celui qui le tint, qu'il s'appelât Consalvi ou qu'il s'appelât Maury, un véritable
génie politique. « C'est de la France, fut-il dit aux
« cardinaux, d'après M. Thiers, que nous sont venues
« les persécutions depuis dix années. Eh bien, c'est
« de la France que nous viendront peut-être à l'ave-
« nir les secours et les consolations. La France, de-
« puis Charlemagne, fut toujours pour l'Église le
« plus utile, le moins gênant des protecteurs. Un
« jeune homme bien extraordinaire, bien difficile à
« juger encore, y domine aujourd'hui. Il aura pro-
« chainement, n'en doutez pas, reconquis l'Italie.
« Souvenez-vous qu'il a protégé les prêtres en 1797,
« et qu'il a tout récemment rendu les honneurs fu-
« nèbres à Pie VI. Des paroles singulières qu'on lui a
« entendu dire sur la religion, sur la cour de Rome,
« nous ont été répétées par des témoins dignes de foi.
« Ne négligeons pas les ressources qui s'offriraient de
« ce côté. Arrêtons-nous à un choix qui ne puisse pas
« être considéré comme une hostilité pour la France,
« qui puisse même lui convenir jusqu'à un certain
« point; et nous ferons peut-être une chose plus utile
« pour l'Église qu'en demandant des candidats à
« toutes les cours catholiques de l'Europe. »

Ces conseils remplis de sagesse et de prévoyance
furent suivis. D'ailleurs, le cardinal que Maury et le
prélat secrétaire avaient en vue méritait l'hommage

qu'on lui proposait. Consalvi l'a dépeint en quelques
lignes : « Une grande douceur de caractère, une très-
« aimable gaieté dans le commerce habituel, une pu-
« reté de mœurs qui n'avait jamais été souillée en
« aucune manière, une sévérité de conduite sacerdo-
« tale jointe à une indulgence parfaite pour les autres,
« une sagesse constante dans le gouvernement des
« deux églises confiées à ses soins, une profondeur
« peu commune, spécialement dans les études sacrées,
« aucune contrariété individuelle, aucune hauteur,
« jamais une querelle avec ses collègues, — il faut en
« excepter la seule qu'il soutint contre le légat de sa
« province pour la défense des immunités de ses
« églises d'Imola, — enfin le renom d'un excellent
« homme dont il jouissait partout, comptaient pour
« autant de titres et de qualités intrinsèques. » Enfin,
ce que Consalvi ne dit pas, c'est qu'en 1797 le cardinal Chiaramonti, alors évêque d'Imola, avait le premier, dans le clergé italien, ouvert les bras aux idées
nouvelles. Un discours empreint du libéralisme le
plus avancé, l'avait désigné aux sympathies du général Bonaparte, qui ne pouvait rêver un pape plus dévoué aux principes de la révolution. Tel était l'homme
dont, à force de diplomatie, d'habileté, d'intrigue
même, — le mot est dans les mémoires, — Consalvi
et Maury avaient réussi à assurer l'élection. Néanmoins elle fut sur le point d'être compromise, bien
que presque achevée.

Chiaramonti avait reçu de tout le sacré collége
l'honneur du baise-mains, le 13 mars. Il devait être
proclamé le lendemain, après un dernier scrutin.

Dans la nuit qui précéda cette élection suprême, quatre cardinaux qui avaient aspiré à l'honneur d'être pape essayèrent de la faire échouer. Consalvi raconte ce complot sans désigner ceux qui en furent les auteurs. Mais, à l'honneur des cardinaux que nous avons nommés plus haut et qui avaient été si près de la tiare, il convient de dire qu'aucun d'eux n'y prit part. D'ailleurs, ces efforts coupables furent vains. Le lendemain, Chiaramonti fut solennellement proclamé souverain pontife, sous le nom de Pie VII qu'il avait choisi, et reçut les honneurs pontificaux au bruit de toutes les cloches de Venise et des cris du peuple qui s'était transporté en foule au monastère de Saint-Georges, en apprenant que le nouveau pape était élu.

Cette élection décida de la destinée de Consalvi. Il y avait déployé, au milieu d'intrigues de toute espèce, parmi des embarras innombrables, créés et augmentés sans cesse par la difficulté de concilier de si susceptibles amours-propres et de si puissantes ambitions, il y avait déployé un talent admirable. D'autre part, Pie VII, bien qu'il eût commencé par refuser la tiare, ne pouvait pas, lorsqu'il l'eut acceptée, oublier celui auquel il la devait. Il ne l'oublia pas.

L'élection à peine terminée, Consalvi avait quitté le monastère de Saint-Georges et s'était retiré dans le petit appartement qu'il occupait avant le conclave. Le nouveau pontife ne l'y laissa pas longtemps. Il le manda auprès de lui et le nomma sur-le-champ son pro-secrétaire, se réservant de désigner le secrétaire d'État à son arrivée à Rome, mais voulant avant tout éviter d'élever à ces fonctions un cardinal que l'Autriche voulait lui imposer. C'est ainsi que Consalvi commença son service auprès de Pie VII.

Les temps étaient graves. L'Autriche et Naples s'étaient implicitement partagé les États-Romains. Les soldats napolitains occupaient Rome et le duché de Bénévent; les soldats autrichiens s'étaient installés dans les légations. Le premier soin du pape fut de réclamer la restitution de ses États. Il écrivit notes sur notes. Le roi de Naples répondit le premier et se déclara prêt à restituer Rome. Quant à l'Autriche, elle n'entendait pas suivre cet exemple. Après avoir obsédé le nouveau pontife par mille petites persécutions, après s'être même opposée à ce que son couronnement eût lieu dans l'église de Saint-Marc, elle entendait non-seulement demeurer maîtresse des légations et ne restituer que le territoire qui se trouve compris entre Pesaro et Rome, mais encore obliger le pontife à se rendre immédiatement à Vienne.

Devant des termes aussi impératifs, Pie VII refusa formellement l'invitation qui lui était adressée et demanda à partir sur-le-champ pour Rome. L'énergie de ses réclamations eut raison des volontés autrichiennes. Mais, afin d'éviter que le pape traversât les légations qu'on ne voulait pas lui rendre et où on craignait que sa présence n'occasionnât un soulèvement, on l'obligea à faire le voyage par mer. Une mauvaise frégate fut mise à la disposition du souverain pontife qui, après une pénible et longue traversée, débarqua à Pesaro, au moment même où arrivait la nouvelle de la grande victoire remportée par le général Bonaparte sur les Autrichiens à Marengo. Ainsi le pape se trouva soudainement vengé de l'Autriche. Elle perdit en quelques heures non-seulement toutes ces conquêtes faciles qu'elle n'avait dues qu'aux revers de la France, mais encore une partie de ses propres Etats.

Enfin, Pie VII entra dans Rome. Il y fut reçu par une foule enthousiaste et par l'armée napolitaine qui devait habiter la ville éternelle jusqu'au jour où le pape aurait organisé ses propres forces.

Le 11 août, Pie VII tint un consistoire. Consalvi y reçut le chapeau de cardinal et fut nommé secrétaire d'Etat du gouvernement pontifical.

Dans ce qui précède, on a vu Consalvi se révéler, coup sur coup, au milieu d'événements qui devaient promptement mûrir l'expérience d'un esprit aussi fin et aussi judicieux que lui. Il avait appris à ses dépens, par tous les faits de la Révolution romaine, quel fonds le pape pouvait faire sur ses sujets. Il savait ce qu'on pouvait espérer des puissances catholiques, alors que deux d'entre elles, l'Autriche et Naples, avaient cherché par toutes sortes de moyens à s'emparer des Etats de l'Eglise et à ruiner la puissance temporelle du pape à tout jamais. Enfin, il ne pouvait ignorer que la Révolution française avait bouleversé la plus grande part des idées humaines, que le régime ancien, malgré ses efforts pour ressusciter, était bien mort, et qu'après le traité de Tolentino où le pape avait montré qu'il pouvait, pour le bien de son pouvoir spirituel, aliéner une partie de son domaine terrestre, il fallait renoncer d'une manière absolue à toute espèce de priviléges en faveur de l'Eglise. Son éducation politique était faite. Il l'avait complétée dans l'exil. Il était mûr pour les grandes choses auxquelles la Providence l'avait destiné.

Plus ambitieux qu'il ne veut le paraître dans ses Mémoires, il avait eu le grand art de ne pas se montrer pressé et de laisser les honneurs venir à lui et, en quelque sorte, le prendre de force. A l'époque où nous sommes de sa vie, il n'avait plus à en désirer, et il entrait à peine dans sa quarante-quatrième année. Une carrière laborieuse, mais pleine de charmes, puisqu'il ne pouvait à ce moment en deviner ni l'éclat ni les périls, s'ouvrait devant lui. Le travail ne manquait pas à son activité : une partie des États pontificaux à réorganiser, l'autre partie à reconquérir, la puissance temporelle du Saint-Siége à rétablir en Italie, et partout l'influence de l'Église ; en un mot se faire accepter par les idées modernes en les acceptant, voilà quelle tâche son ambition pouvait espérer d'accomplir.

CONSALVI SECRÉTAIRE D'ÉTAT

1800 — 1801

Arriver coup sur coup aux honneurs suprêmes, après avoir donné la preuve d'un suprême talent, y arriver jeune, posséder l'amitié du pape ; c'est à Rome trois raisons suffisantes pour exciter l'envie et la haine. Tel fut le sort de Consalvi. Pendant tout le temps qu'il passa à la secrétairerie d'État, et qu'il fut, en conséquence, le second personnage du gouvernement pontifical, il vit les jalousies les plus odieuses et les plus mesquines s'acharner contre lui, désapprouver sa politique, contrecarrer ses plans et tourner même en ridicule ses meilleures intentions.

A peine entré dans Rome, laissé par le pape maitre absolu du gouvernement politique, son premier soin

fut de réorganiser l'administration détruite par les
événements de 1797. Veut-on savoir quelles intentions le cardinal apportait dans cette œuvre de réédification? Il suffit de lire les lignes suivantes qu'il
écrivait, à Reims, dans le mois de février 1812, alors
qu'il y était interné et que Pie VII était prisonnier à
Fontainebleau : « La Providence a permis une se-
« conde chute du gouvernement pontifical, onze ans
« après son rétablissement. Si cette Providence per-
« mettait une seconde résurrection, il serait à dési-
« rer que le nouveau pouvoir, en trouvant tout
« changé et détruit derechef, profitât de ce malheur
« pour en recueillir plus de fruits qu'on n'en avait
« tirés lors de la première restauration. En mainte-
« nant les constitutions et les lois du Saint-Siége, il
« faudrait, d'une manière victorieuse, surmonter tous
« les obstacles s'opposant aux changements et aux
« réformes que pourraient *avec raison* exiger l'anti-
« quité ou l'altération de certaines institutions, les
« abus introduits, les enseignements de l'expérience,
« la différence des temps, des caractères, des idées
« et des habitudes. Il est permis de formuler ces
« vœux, à celui qui ne les exprime point par mépris
« des choses anciennes, par amour de la nouveauté
« ou par singularité d'idées, mais qui ne souhaite
« tout cela que pour le plus grand bien du gouverne-
« ment pontifical. »

Le sentiment qui dictait ce langage en 1812,
Consalvi déjà l'éprouvait à la fin de 1800. Il avait
compris que le gouvernement pontifical, édifice demeuré vieux au milieu des révolutions qui avaient

tout voulu rajeunir, devait aussi, dans l'intérêt de sa
conservation, être consolidé par d'importantes réformes. Ces réformes, il eut le courage de tout tenter
pour les faire réussir. L'envie et la haine, dont nous
avons indiqué plus haut les causes, et par-dessus tout
les préjugés enracinés dans le cœur des Romains,
entravèrent constamment ses efforts et les firent en
partie avorter.

Dans l'introduction de ce récit, nous avons dit
comment le cardinal, accoutumé par éducation à voir
dans la révolution française, dont les excès l'avaient
plus épouvanté que ses bienfaits ne l'avaient frappé,
un monstre toujours prêt à dévorer l'Église et les mo-
narchies, ne sut pas s'inspirer d'elle dans ce qu'elle
contenait de moral et de chrétien. Cependant, là seulement il aurait pu trouver les éléments de la réédification qu'il rêvait. Autant il était convaincu de la
nécessité d'introduire d'urgence des modifications
dans le gouvernemeut pontifical, autant il manquait
de cette force qui naît de convictions profondes et
qu'il ne pouvait puiser dans les siennes. Il eut plus de
désirs que de volonté. Ce fut la première cause de son
insuccès. La seconde vint de plus haut.

Il ne trouva jamais dans le pape un collaborateur
énergique et suffisamment éclairé sur les besoins de
son temps. Pie VII, que Joseph de Maistre eut le tort
d'appeler un bonhomme, et qu'il n'appela ainsi que
dans un accès de colère, le jour où il apprit que le
pape se rendait à Paris pour couronner l'Empereur,
Pie VII a été mieux jugé par Consalvi. Le cardinal
parle maintes fois de la « douceur notoire du Saint-

Père ; » puis, il ajoute que « le pape n'entrevoyait la politique qu'au point de vue de la religion, et qu'il ne s'occupait que du salut des âmes et du bien spirituel des peuples. » Ces paroles si vraies expliquent mieux que l'épithète de Joseph de Maistre la presque indifférence du souverain pontife en matière de gouvernement.

Cette douceur notoire, cette indifférence furent donc la principale cause des échecs successifs de Consalvi. Toutes les fois qu'il voulait s'occuper de réformes, il rencontrait un obstacle invincible ; il nous le signale dans cette phrase qui, de nos jours, devrait ouvrir les yeux à Pie IX et à ses conseillers : « Ce qui, « à Rome plus que partout ailleurs, s'oppose aux ré- « formes, c'est la qualité de ceux qui, dans ces réfor- « mes, perdent quelques attributs de leur juridiction « ou d'autres priviléges. » Voilà la clé des difficultés qui s'opposent aux innovations dans le gouvernement romain comme dans beaucoup d'autres, mais plus encore dans celui-là, et cette clé, il est bon de la trouver dans les souvenirs d'un homme qui ne saurait être suspect à Rome.

Consalvi projetait-il une amélioration, parvenait-il à en faire accepter le principe au pape et au très-petit nombre de conseillers habiles qui l'entouraient, l'application en devenait-elle imminente, aussitôt le vieux parti romain, celui dont Mgr Cortois de Pressigny disait, en 1818, que, « trois divinités puissantes le gouvernent, la vanité, l'argent, la peur ; » ce parti, non moins entêté que le vieux parti ture dont il a été tant parlé à propos de la question d'Orient, faisait

entendre ses gémissements et ses récriminations. » Il
« est cependant hors de doute, s'écrie le cardinal.
« que certaines d'entre les institutions du gouverne-
« ment pontifical dégénéraient de leur primitive ori-
« gine; on en avait altéré, changé ou corrompu quel-
« ques autres, et il s'en trouvait qui ne convenaient
« plus au temps, aux idées nouvelles et aux nouveaux
« usages. Les effets et les tendances de la révolution
« exigeaient des atermoiements et des ménagements,
« non moins pour la stabilité du Saint-Siége qu'il
« fallait restaurer, que pour l'avantage du peuple. »
Jamais de plus saines vérités ne sont sorties de la bouche d'un membre de l'Église.

Mais que pouvait Consalvi contre tout un monde
de cardinaux, de prélats, de prêtres, de moines et de
nobles, qui ne cachait pas son irritation? En référer
au pape, réclamer de lui un acte d'énergie? « Le pape
lui-même n'aurait pas pu tenir tête aux opposants
et protéger les réformes contre les attaques de tout
genre auxquelles il aurait fallu se résigner si le Saint-
Siége eût agi seul et spontanément. »

De guerre lasse, Consalvi dut recourir à une congrégation qui demeura chargée en dernier ressort de
juger de l'urgence de ces réformes : mauvais moyen,
qui ne pouvait aboutir qu'à de minces résultats. Pour
réformer le gouvernement romain, il eût fallu imposer brusquement, énergiquement, un plan préparé
d'avance, et ne pas permettre qu'il fût même discuté;
il fallait laisser les critiques suivre leur cours, fermer
l'oreille aux intrigues, en un mot faire acte de volonté. Une congrégation composée de gens presque

tous intéressés à conserver les vieux abus ne pouvait donner que ce qu'on obtint; mais combien cela était peu, en comparaison de ce qu'on aurait pu faire !

Quelques laïques arrivèrent à certains emplois, mais sous la surveillance des prélats. On utilisa les loisirs des héritiers de la noblesse romaine, en créant une garde noble; puis, on renouvela les monnaies, on accorda la liberté commerciale, et les bienfaits de ces deux importantes mesures se firent sentir immédiatement. Le paiement de la dette fut décrété, et les deux cinquièmes de cette dette remboursés; enfin les communes fonctionnèrent d'après un système qui leur permettait d'opérer promptement l'extinction d'un passif accru par les événements de la révolution.

Telles sont les principales réformes auxquelles Consalvi attacha son nom. Pie VII eut le mérite de les approuver; à son ministre la gloire de les avoir conçues. Presque toutes sont encore en pratique aujourd'hui, et, le jour où le gouvernement pontifical actuel aura le courage de réviser sa constitution et de la refondre, afin de devenir meilleur, il n'aura rien à reprendre dans ce qui fut l'œuvre de Consalvi.

Maintenant, ferons-nous un reproche à ce dernier de n'avoir pas complétement réussi? Nous ne l'oserions pas, devant la constance de ses premiers efforts. Ne pas réussir à faire le bien n'est point une cause de blâme, à Rome moins qu'ailleurs. Selon la belle formule d'un homme éminent, M. Émile Ollivier, « il est des entreprises auxquelles le succès n'est pas nécessaire : les avoir tentées est un titre d'honneur suffisant. » Ces paroles, qui n'ont pas été écrites à propos de l'illustre cardinal, semblent avoir été faites pour lui. C'est à lui mieux qu'à d'autres qu'elles peuvent être appliquées.

Enfin, le nouveau gouvernement fondé sur ces bases et consacré par une bulle pontificale, fut inauguré. Consalvi crut qu'il allait au moins jouir en repos de son œuvre. Ses espérances furent trompées. Rien ne saurait être plus instructif que ses aveux à cet égard. « Nous avions eu le soin, dit-il, de distribuer
« les emplois à des prélats nouveaux, et qui, n'ayant
« exercé aucune fonction sous l'ancien régime, ne
« purent cependant pas s'habituer à la différence
« signalée soit dans l'extension de la juridiction, soit
« dans la diminution des traitements, diminution qui
« naissait du changement de système. Une pareille
« précaution suffit à peine à calmer l'irritation de
« ceux qui entraient en charge. Cette irritation devait
« plus tard paralyser le régime qu'on inaugurait. A
« l'exception de quelques prélats, la plupart n'envi-
« sagèrent pas les charges telles qu'ils les recevaient.
« Loin de se prêter aux dispositions nouvelles, ils en
« devinrent les ennemis les plus acharnés et cher-
« chèrent constamment à les ébranler. Cette hostilité
« porta un notable préjudice aux affaires ; elle causa
« de cruels embarras et des soucis de toute espèce au
« Saint-Siége lui-même..... Les protections puissan-
« tes dont se glorifiaient les mécontents augmentaient
« les difficultés. »

En présence de ce langage si franc, si décisif, il est impossible de ne pas se demander comment le gouvernement romain a permis la publication des Mé-

moires de Consalvi, sans avoir pris au moins le soin
de démentir, par l'adoption d'une conduite nouvelle,
des pages comme celles que nous venons de citer?
Comment n'a-t-on pas profité des leçons et des conseils qu'elles renferment? Comment ne s'est-on pas
aperçu que de ce livre d'outre-tombe allaient sortir
les critiques les plus justes et le blâme le plus énergique qu'ait encourus depuis plus d'un siècle le gouvernement pontifical? Que sont, à côté de ces aveux
d'un des plus ardents défenseurs de la puissance temporelle, les rapports cependant si éloquents des ambassadeurs de France à Rome, depuis le duc de
Chaulnes et le cardinal de Bernis, jusqu'à Chateaubriand; et quel jugement peut avoir l'autorité de
celui que Consalvi portait, en 1812, sur les hommes
et les choses au milieu desquels il avait vécu, qu'il
avait maniés et que, par conséquent, il connaissait si
bien? Placé, comme il l'était, pour tout voir, pour
tout entendre, pour tout apprécier, le cardinal Consalvi a dit, dans ses Mémoires, le dernier mot sur la
situation intérieure de l'État romain.

Lassé de tant de déceptions politiques venues du
dedans, auxquelles allaient bientôt se joindre celles du
dehors, le cardinal, jaloux de donner par quelque
côté, au pontificat de Pie VII, un grand éclat, cher-
cha des compensations en dehors de la politique. Des
fouilles artistiques commencèrent dans Rome, comme
si on eût voulu demander au vieux sol romain de
quoi donner un relief nouveau à la ville éternelle, et
de quoi remplacer les œuvres d'art que le traité de
Tolentino lui avait enlevées et que ceux de 1815 de-

vaient lui rendre. Canova fut chargé de la direction
de ces travaux. Un nouveau musée fut fondé au Vatican ; le Colisée, les arcs de triomphe de Septime
Sévère et de Constantin sortirent des décombres sous
lesquels ils étaient enfouis ; enfin on commença la résurrection du vieux Panthéon d'Agrippa. Dans ces
préoccupations d'une nature nouvelle, Consalvi put
se consoler des échecs qui viennent d'être racontés.

Cependant, les questions extérieures se pressaient
au milieu des obstacles intérieurs, et se succédaient
avec une effrayante rapidité. A peine installé dans
Rome, le gouvernement pontifical s'était trouvé en
face de difficultés innombrables, créées, les unes par
les justes prétentions des puissances européennes,
auxquelles l'esprit nouveau soufflé par la révolution
française avait conseillé de se soustraire aux obligations qui leur étaient précédemment imposées par la
papauté ; les autres par les abus de pouvoir dont on
avait rendu victime ce gouvernement désorganisé.

Le roi de Naples, qui avait promis d'évacuer Rome,
ne se pressait guère. Il céda enfin aux remontrances
du pape. Mais, resté maître de Bénévent et de Ponte-
Corvo, il refusait de les abandonner, même après le
traité de Florence. Il ne fallut, au bout de plusieurs
mois, rien moins que la volonté du premier Consul,
énergiquement exprimée, pour l'en faire sortir.
D'autre part, il refusait de payer, sous forme de tri-
but, la somme de *dix millions*, que ses prédécesseurs
avaient coutume d'offrir annuellement au Saint-Siège,
en même temps qu'une haquenée, conformément à
un antique usage qu'il ne voulait pas renouveler, le

considérant comme humiliant pour lui. Enfin, il désirait diminuer dans des proportions considérables le nombre des évêques dans ses États.

L'Espagne, ce pays où, jusqu'à ce jour, les papes n'avaient jamais rencontré que la plus obséquieuse soumission, élevait aussi des prétentions. Le gouvernement de Madrid, auprès duquel les nonces du pape avaient toujours été munis de priviléges considérables, ne voulait plus les recevoir qu'en qualité d'ambassadeurs du souverain de Rome, ainsi que cela se pratiquait dans les autres grands royaumes, et leur retirait la juridiction des affaires ecclésiastiques intérieures, qu'ils avaient eue jusque-là. Il parlait, en outre, d'étendre le pouvoir des évêques, aux dépens de celui du Saint-Siége, sur les couvents et dans toutes les questions de dispenses, et réclamait le droit d'imposer à son gré, même de confisquer, les biens ecclésiastiques.

A Vienne, c'était le développement des fameuses *lois joséphines* qu'il fallait combattre. La mort de leur impérial auteur n'en avait pas arrêté l'application sous ses successeurs. Au mécontentement que le maintien de ces lois causait à Rome, venaient se joindre d'autres motifs d'irritation, et notamment les difficultés créées par les projets de concordats germaniques.

Enfin, les prétentions de la Prusse relatives au fonctionnement du catholicisme dans ce pays, et celles de la Russie touchant l'ordre de Malte, n'apportèrent pas de moindres soucis au cardinal, qui eut ainsi, dès le début de son ministère, et sans parler des affaires de France, les plus importantes de toutes, plusieurs graves négociations à mener de front.

Par cet exposé rapide, il est facile de comprendre ce qu'elles durent exiger de travail, de persistance et d'habileté. Si le succès ne couronna pas toujours ses efforts, le cardinal se montra cependant à la hauteur de sa tâche, et c'est bien plutôt à la faiblesse de sa cause qu'il faut attribuer ses échecs, qu'à lui-même. Qui sait si plus d'une fois il ne regretta point de n'avoir pas à en défendre une meilleure ?

Sans doute, le droit était pour lui lorsqu'il réclamait au roi de Naples et à l'empereur d'Autriche les États pontificaux qu'ils occupaient ; le droit était pour lui lorsqu'il combattait l'étrange prétention du czar Paul Ier de persister à se faire proclamer grand-maître de l'ordre catholique de Malte ; le droit, souvent encore, sera pour lui dans les affaires périlleuses qui le mettront aux prises avec Napoléon Ier. Mais en peut-on dire autant, alors qu'il soutenait contre l'Espagne et contre l'Autriche la nécessité du maintien de l'autorité des nonces dans ces pays ; lorsqu'il exigeait du roi de Naples la continuation d'une coutume humiliante, qui n'ajoutait rien à la dignité du Saint-Siége ; lorsque enfin il persistait partout dans cette théorie fatale à l'Église, qui consiste à vouloir introduire dans le temporel des États une véritable juridiction, au nom du spirituel ?

Ici, nous aurions voulu voir Consalvi renoncer vaillamment à ces priviléges d'une autre époque, et user de son influence personnelle sur Pie VII pour l'entraîner, au mépris des préjugés et des obstacles, dans une voie nouvelle, qui eût été féconde en bienfaits, et, si ce but était impossible à atteindre sur-le-champ, montrer par une tentative énergique qu'il en comprenait la grandeur et l'utilité. Eût-on osé l'accuser d'abandonner la cause de la foi, lui, le plus intrépide défenseur de la souveraineté temporelle? Oui, peut-être, parmi ces Romains qui ne surent lui rendre justice qu'après sa mort; non, à coup sûr, dans le monde catholique. Le catholicisme y eût gagné en indépendance et en puissance.

L'époque était bonne pour une réforme radicale dans l'Église. L'esprit moderne apportait avec lui, à côté de doctrines déplorables que les honnêtes gens n'ont jamais adoptées, des doctrines profondément morales et plus chrétiennes que les abus qu'elles renversaient. C'est de celles-là qu'il fallait s'inspirer, comme s'en inspira le Christ lorsqu'il fonda son œuvre; et s'en inspirer ce n'eût pas été trahir la vérité, mais y revenir.

Dans cette œuvre de réformation, la puissance temporelle des papes elle-même eût pu trouver un appui qu'elle ne saurait trouver ailleurs. En effet, si on s'isole un moment des événements actuels d'Italie, qui ont donné, depuis quelques années, à cette question de la puissance temporelle une physionomie particulière et pour ainsi dire personnelle; si on l'étudie dans l'histoire et d'une manière générale, ce qui frappe surtout, c'est que la papauté s'est créé moins d'ennemis par le fait de son pouvoir temporel tant attaqué aujourd'hui, que par sa persistance à s'immiscer dans les affaires des autres gouvernements au nom du spirituel. C'est ce système permanent qui a donné lieu aux représailles dont nous sommes aujourd'hui témoins.

Eh bien! au commencement du siècle il eût été, pour la papauté, glorieux et utile d'y renoncer. La révolution était accomplie; une ère nouvelle commençait pour le monde; le temps des crimes dont les dernières années du siècle précédent avaient été souillées était passé. Sur un terrain nouveau, purifié par le sang des héros de la République française et des victimes de la Terreur, la papauté devait se mettre à la tête du mouvement qui transformait le monde, se rendre accessible aux idées modernes, en faciliter l'entrée dans les pays qui fermaient absolument leurs portes devant elles, et se donner de la sorte un honneur et un éclat qui l'auraient rendue, je ne veux pas seulement dire invincible, mais inattaquable. Est-il téméraire de supposer qu'une conduite pareille aurait en partie conjuré les révolutions du siècle actuel?

Les réclamations que les puissances européennes adressaient à Rome au moment où le pape venait d'y rentrer, fournissaient à la papauté une occasion merveilleuse de se transformer. Pouvait-elle craindre que son influence en fût diminuée? Non, certes. Au lendemain de la Révolution, dans les pays où la religion avait été renversée, on souhaitait ardemment de voir relever les autels, et, dans ce sentiment purement religieux, la papauté trouvait une popularité qui lui permettait de tout tenter, sans danger pour son influence. D'ailleurs, cette influence en France n'a point été ruinée par la consécration définitive et solennelle des libertés gallicanes au xviie siècle. Elle n'eût pas été ruinée davantage dans les pays dont les gouvernements réclamaient, en 1800, des réformes basées sur les mêmes principes que ces libertés dont la France est si justement fière, et qui allaient, quelques mois plus tard, triompher de nouveau dans le Concordat. On peut même croire que partout ailleurs la religion n'eût pas moins gagné qu'en France à cette séparation relative de l'Église et de l'État.

En même temps, les réformes seraient devenues faciles dans les Etats romains, mis en contact avec tous les principes du régime nouveau. Ces réformes, en plaçant le gouvernement pontifical au premier rang sur la route du progrès, auraient fait affluer autour de lui les sympathies du monde entier; et la papauté, tant ébranlée par les événements survenus au siècle dernier dans l'ordre moral et dans l'ordre matériel, aurait reconquis sa force primitive, en se créant une nouvelle jeunesse. Oui, on peut affirmer qu'en travaillant à opérer la transformation politique et sociale de l'Eglise, en se réconciliant avec le monde moderne, en le revêtant de vêtements spirituels plus amples et plus en proportion avec sa vigueur naissante, en un mot, en abandonnant la théorie de l'ultramontanisme, — une vieillerie qui remonte à Grégoire VII, — la papauté aurait assuré à tout jamais sa double influence temporelle et spirituelle, en vertu de cette vérité si nettement formulée par Napoléon III : « Marchez en « avant des idées du siècle, elles vous soutiennent; « marchez à leur suite, elles vous entraînent; mar- « chez contre elles, elles vous renversent. »

En 1800, comme aujourd'hui, Rome préféra marcher contre les idées du xixe siècle. En 1815, au moment où le gouvernement pontifical était de nouveau rétabli, nous verrons une occasion nouvelle s'offrir à lui de réparer la faute commise quinze années auparavant. Cette occasion sera perdue comme la première, et il manquera éternellement à la gloire de Consalvi, aussi bien qu'à celle de Pie VII, de n'avoir pas su la saisir; mais, disons-le à l'honneur de leur mémoire, la gloire qu'ils laissaient échapper de ce côté, ils allaient la retrouver dans la conclusion du Concordat avec la France, dont il faut maintenant raconter les péripéties.

III

CONCORDAT.

1801

Ainsi que nous l'avons déjà dit, en débarquant à Pesaro, à son retour de Venise, Pie VII avait connu la victoire de Marengo. Puis, à peine installé dans Rome, les échos venus de France lui avaient parlé de nouveau, comme Consalvi et Maury l'avaient fait dans le sein du conclave, du jeune guerrier qui gouvernait ce grand pays et qui semblait unir aux ardeurs du conquérant la sagesse du législateur. On avait dit au pape que, tandis que, d'une part, le premier Consul était occupé à reconquérir l'Italie, d'autre part, sous l'essor de son génie et de sa volonté, l'œuvre de réédification entreprise en France par lui commençait à porter ses fruits.

La Vendée était soumise, le brigandage réprimé, le commerce français prospère, l'amélioration des routes menée avec rapidité, l'agriculture encouragée, l'administration française en voie de réorganisation, le service des finances régularisé, et enfin on parlait déjà d'un Code civil qui s'élaborait au Conseil d'État et qui ne serait pas pour Bonaparte un titre de gloire moindre que ses conquêtes. On apprenait, en outre, qu'entrant dans Milan le 5 juin, le premier Consul avait déclaré à une députation du clergé qu'il maintiendrait la religion catholique dans son intégrité et la ferait jouir de tous ses droits. « Persuadé, avait-il dit, que cette religion est la seule qui puisse procurer un bonheur véritable à une société bien ordonnée et affermir la base des bons gouvernements, je vous assure que je m'appliquerai à la protéger et à la défendre dans tous les temps et par tous les moyens. Vous, les ministres de cette religion qui est la mienne, je vous regarde comme mes plus chers amis. Je vous déclare que j'envisagerai comme perturbateur du repos public et ennemi du bien commun et que je saurai punir comme tel et de la manière la plus rigoureuse et la plus éclatante, et même, s'il le faut, de la peine de mort, quiconque fera la moindre insulte à notre commune religion et qui se sera permis le plus léger outrage envers vos personnes sacrées. Mon intention formelle est que la religion chrétienne, catholique et romaine soit conservée dans son entier, qu'elle soit publiquement exercée et qu'elle jouisse de cet exercice public avec une liberté aussi pleine, aussi étendue, aussi inviolable qu'à l'époque où j'entrai pour la première fois dans ces heureuses contrées.»

Enfin, le cardinal Martiniana, évêque de Verceil, faisait savoir au pape, qu'en traversant sa ville épiscopale, le premier consul de la République l'avait chargé de faire connaître à Pie VII son désir de traiter avec lui pour le rétablissement de la religion en France. Bonaparte avait même désigné le prélat qu'il désirait voir représenter le Saint-Siége auprès de lui dans cette solennelle circonstance. C'était monsignor Spina, archevêque de Corinthe, qu'il avait naguère connu à Valence, où ce dernier se trouvait après la mort de Pie VI, dont il avait partagé la captivité et reçu le dernier soupir.

Ces nouvelles arrivèrent à Rome dans les premières semaines qui suivirent le retour du pape. Puis, l'un des compagnons de Bonaparte, le général Murat, apparut lui-même, apportant au souverain pontife, avec les hommages du premier consul, cette déclaration douce au cœur de Pie VII, que la république romaine, œuvre du Directoire, ne serait pas rétablie, et que le pape, maître dans Rome, verrait s'affirmer le principe de sa puissance temporelle, en même temps qu'il serait rétabli dans la plupart de ses droits. Enfin, les Napolitains, qui occupaient encore Ponte-Corvo et Bénévent, recevaient l'invitation formelle d'évacuer ces pays, et celui qui la leur transmettait n'était autre que l'homme extraordinaire qui tenait à cette heure, dans ses mains, les destinées du monde et que les princes avaient appris à redouter.

Ainsi, de toutes parts, les faits et les paroles démon-

traient au pape quelles intentions généreuses ani-
maient à son égard le jeune général qu'il avait connu
dans son diocèse d'Imola et pour lequel, dès ce jour,
il avait conçu les plus vives sympathies. Chacun à
Rome partageait ses espérances. Dans le sacré collége,
composé de vieillards que les malheurs de 1797, la
proclamation de la république romaine et l'arrestation de Pie VI avaient dispersés et qui revenaient
de l'exil avec des craintes et des défiances sans nombre, en ne songeant plus, comme l'écrivait le ministre Cacault, qu'à vivre tranquilles et à mourir en paix,
le seul nom de Napoléon Bonaparte excitait presque
de l'enthousiasme. On ne se souvenait plus du traité
de Tolentino que pour caresser l'espoir de le voir an-
nuler par celui-là même qui l'avait dicté. On se disait
que les malheurs survenus plus tard dans Rome n'é-
taient point l'œuvre de Bonaparte, et que le Directoire
brisé par lui était le seul coupable ; de telle sorte
qu'il n'avait pas été un fléau pour l'Eglise, et que tout
faisait pressentir qu'il en serait le bienfaiteur. Aussi,
lorsque Pie VII ayant rassemblé les cardinaux, leur fit
part des paroles prononcées par le premier Consul à
Milan et à Verceil, il n'y eut qu'une voix pour décider
le départ de monsignor Spina, qui partit en effet pour
Turin, où rendez-vous lui avait été donné. Il était
accompagné d'un théologien, le père Caselli, qu'il
avait désiré s'adjoindre comme conseil.

Mais, même doublé d'un théologien, monsignor
Spina n'était guère fait pour accomplir la grande
tâche à laquelle on le conviait. Il avait courageusement partagé les malheurs de Pie VI, mais ce cou-

rage, dont ses croyances, son caractère et surtout la reconnaissance lui faisaient un devoir, était loin d'être tout, alors qu'il s'agissait de traiter avec le premier Consul d'une affaire qui a été l'une des plus importantes dans l'histoire de l'Eglise. En effet, il ne suffisait pas pour Rome que les temples fussent rouverts et les autels relevés. A quelles conditions le seraient-ils ? Les cent cinquante-huit archevêchés ou évêchés de France, d'où l'échafaud et l'émigration avaient enlevé leurs titulaires, seraient-ils conservés ? Pouvait-on espérer que les biens immenses que le clergé possédait avant la Révolution _ui seraient restitués ? Le rétablirait-on dans ses priviléges ? Le clergé constitutionnel, qui était en dehors de la communion romaine, serait-il mis en demeure de faire sa soumission au Saint-Siége et de donner, par son repentir, une éclatante satisfaction à l'Eglise? Enfin le premier Consul, qui déclarait vouloir être pour elle un nouveau Charlemagne, lui rendrait-il le patrimoine de saint Pierre ? Les légations enclavées dans la République italienne feraient-elles retour à leur ancien maître ? Le pape recouvrerait-il Avignon ? Quoique ces derniers points n'eussent aucun rapport avec le rétablissement de la religion catholique en France, il semblait naturel cependant qu'ils dussent être soulevés, et l'habileté des représentants de la cour romaine devait, en ces circonstances, faire naître l'occasion si vivement désirée.

Consalvi avait médité ces divers côtés de la négociation qui allait s'engager. Homme d'Etat avant tout, il ne s'était pas fait faute d'entretenir Pie VII

des chances qui pouvaient s'offrir de recouvrer les
légations. Ne connaissant ni le caractère, ni les intentions de Bonaparte, il pouvait croire qu'avec des
plénipotentiaires habiles on aurait facilement raison
d'un chef de nation qui, repoussant tout à coup les
traditions de la France républicaine, se montrait
animé de généreuses intentions à l'égard de Rome.

Mais, ni monsignor Spina, ni le père Caselli ne
paraissaient au cardinal réunir les qualités nécessaires, selon lui, à l'accomplissement des vœux secrets
de la cour pontificale, et c'est à regret qu'il les vit
partir. Du moins, il voulut borner les pouvoirs qu'il
leur remettait, et l'archevêque de Corinthe eut l'ordre d'observer, de rapporter, et de ne rien terminer
sans de nouvelles instructions.

Peu après, il donna de ses nouvelles. A peine arrivé dans Turin, il avait dû repartir pour Paris, où le
premier Consul l'avait devancé. Là, présenté par l'ambassadeur d'Espagne au ministre des relations extérieures, M. de Talleyrand, il avait été mis par ce
dernier en présence de l'abbé Bernier, chargé spécialement de représenter le gouvernement français durant le cours de la négociation.

L'abbé Bernier, mort plus tard évêque d'Orléans,
était à cette époque un prêtre jeune encore. Il était
né dans l'Anjou. Fortement élevé, il avait fait avec
bonheur son chemin dans les ordres. Successivement
vicaire général à la Rochelle, professeur de philoso-
phie et de théologie à l'Université d'Angers, la Révolution l'avait trouvé curé dans une des plus importantes paroisses de cette ville. Après la décision de

l'Assemblée constituante qui proclamait la constitution civile du clergé et imposait à ce dernier un serment que Pie VI frappa de ses foudres, l'abbé Bernier s'était jeté dans la Vendée. Longtemps il avait été l'âme de cette immense conspiration qui s'affirma par la plus effroyable des guerres civiles, et ce n'est qu'après le 18 brumaire, après avoir, par son influence sur les bandes insurgées, sauvé la vie à plusieurs milliers de soldats de la République, après avoir compris l'inanité de tant d'efforts à la fois héroïques et coupables, qu'il avait fait sa soumission au premier Consul et puissamment contribué à pacifier la Vendée. Le désir d'assurer cette pacification avait heureusement déterminé le choix de Bonaparte. Nul n'était plus digne et plus capable que l'abbé Bernier de mener à bonne fin le concordat qui devait intervenir entre Rome et la France.

C'était en face de lui que monsignor Spina s'était trouvé tout d'abord, et c'est de lui qu'il avait reçu communication des bases sur lesquelles le premier Consul désirait traiter. Les propositions du gouvernement français étaient celles-ci : démission de tous les évêques anciens titulaires ; nouvelle circonscription diocésaine ; soixante siéges au lieu de cent cinquante-huit ; composition d'un clergé nouveau formé d'ecclésiastiques de tous les partis ; institution par le pape ; promesse de soumission au gouvernement établi ; salaire sur le budget de l'État ; renonciation aux biens de l'Église et reconnaissance complète de la vente de ces biens ; police des cultes déférée à l'autorité civile représentée par le Conseil d'État ; enfin

pardon de l'Église aux prêtres mariés, et leur réunion
à la communion catholique.

Transmises à Rome par monsignor Spina, ces conditions y parurent inacceptables, et les lettres qui les ac-
compagnaient dissipèrent bien des illusions. En
effet, s'il faut en croire Consalvi, Monsignor Spina
« laissait entendre que le gouvernement français ne se
montrait pas disposé à signer un concordat vraiment
avantageux à l'Église, sous prétexte que les effets
extraordinaires produits par douze ou treize années
de la plus horrible révolution étaient des empêche-
ments insurmontables aux vœux de Rome. Tout était
changé en France, disait-on, les pensées, les usages,
les lois et la manière de voir par rapport aux prêtres.
L'esprit religieux, et surtout l'idée de n'importe
quelle dépendance extérieure — y compris, bien entendu, celle de la cour de Rome — avaient disparu
presque totalement du pays. »

Aux propositions formulées par le premier Consul,
Rome répondit par des contre-propositions. Il est
indispensable, disait-on, que la religion catholique
soit déclarée religion d'État. Nous admettons bien la
nouvelle circonscription diocésaine qu'on nous pro-
pose, mais le pape n'a ni le droit, ni le pouvoir de
déposer des évêques institués par lui. Il est impossible de reconnaître la vente des biens ecclésiastiques;
ce serait donner notre approbation à une iniquité.
Mais nous renoncerons à toute recherche ultérieure,
à condition toutefois que l'Église de France rentrera
en possession des biens non vendus. Enfin, nous
sommes disposés à accorder le pardon aux prêtres

mariés ; à condition qu'ils reconnaîtront leurs fautes, il leur sera permis de se réconcilier avec l'Église. Les autres propositions de la France étaient acceptées.

Ainsi, c'est de ces deux projets, qui différaient si fort par certains côtés, et qui se touchaient presque par d'autres, qu'on partait pour arriver au concordat définitif. On discuta longtemps; on discutait à Paris et à Rome. Monsignor Spina transmettait à son gouvernement les projets successivement modifiés par la discussion, et le cardinal qui, par ordre du pape, les soumettait à une congrégation spéciale, les renvoyait ensuite à Paris tels qu'ils avaient été amendés par elle. Mais, comme nous l'avons dit, il n'y avait pas d'illusions à se faire sur la conclusion définitive. Bonaparte n'admettrait pas, et monsignor Spina en fournissait la preuve à chaque courrier, que ses plans pussent être modifiés en d'autres points que ceux que les règles de l'Église rendaient inadmissibles. Or, de l'aveu du cardinal Consalvi, aucun des articles sur lesquels le désaccord existait n'était dans ce cas; celui même qui concernait la démission des anciens archevêques et évêques pouvait à la rigueur être adopté, avec cette différence cependant que le pape leur demanderait cette démission au lieu de la leur imposer, ainsi que le désirait le premier Consul. « L'histoire de l'Église, dit encore Consalvi, offrait d'éclatants exemples de cette conduite dans des cas semblables et même moins pressants. »

Cependant, à la faveur de ces nombreux échanges de dépêches, les négociations traînaient en longueur, et à Rome, les émigrés, qui depuis l'avénement de

Pie VII au pontificat, s'étaient peu à peu groupés en assez grand nombre dans la plus hospitalière des villes du monde, se remuaient pour faire avorter l'entreprise à laquelle le vénérable pontife n'attachait pas moins de prix que le premier Consul. « Quoi ! disait-on au pape et à son secrétaire d'État, vous entrez en négociation avec cette République française qui nous a été fatale à tous ! L'Église dépouillée, ses ministres persécutés, le principe d'autorité foulé aux pieds, le vol et l'assassinat érigés en doctrine d'État, la royauté, le clergé, la noblesse de France décimés par l'échafaud ou obligés de fuir, leurs biens confisqués et vendus, voilà l'œuvre de la République. Comment espérer qu'après un tel passé, elle tiendra dans l'avenir les engagements qu'elle prendra vis à vis de vous? Et puis traiter avec elle, n'est-ce pas reconnaître le fait accompli? n'est-ce pas approuver tant de crimes et se rendre en quelque sorte responsable du sang versé?

Le bien de la religion avant tout, répondait Pie VII. Dieu a placé à la tête de la France un jeune homme qui, après avoir rétabli l'ordre, mis les méchants dans l'impossibilité de nuire, nous a manifesté son désir de voir rétablir la religion dans ce pays si profondément religieux. Il a fait appel à notre bon vouloir. Nous eussions été bien coupable de lui répondre par un refus.

D'ailleurs, ajoutait Consalvi, absolument de l'avis du pape, pourquoi la cour de Rome ne négocierait-elle pas avec la France, alors que toutes les puissances européennes traitent avec elle?

Et en effet, la paix de Lunéville était signée, on était à la veille du congrès d'Amiens, et le Saint-Siége se demandait s'il n'enverrait pas à cette assemblée diplomatique un légat chargé de faire valoir ses droits.

Ces raisons étaient éloquentes, mais elles ne calmaient pas les mécontents et surtout les émigrés, qui avaient toujours espéré que l'Église se ferait complice de leur rancune, afin de rendre plus difficile encore la position du premier Consul. La calomnie s'exerçait dans Rome aux dépens du pape et de son secrétaire d'État. « Pour conserver la foi, disait-on, Pie VI a perdu son trône. Pour conserver son trône, Pie VII perd la foi. » Mais de tels propos n'étaient pas faits pour changer la volonté du pontife et de Consalvi ou pour abattre leur courage. Tous leurs efforts tendaient à obtenir pour l'Église, de la part du gouvernement français, les conditions les meilleures.

Au même moment, les embarras du premier Consul n'étaient pas moindres. En effet, tandis qu'autour du pape les émigrés s'agitaient pour empêcher la réconciliation entre Rome et la France, autour du premier Consul les hommes de la Révolution s'agitaient dans le même but. Ainsi, les héritiers des doctrines philosophiques du XVIIIe siècle, patriciens en exil, plébéiens groupés autour de Napoléon, savants tels que Monge, Laplace, Volney ; les évêques émigrés désireux de remonter sur leurs siéges et de reconquérir leurs revenus, et les évêques défroqués tels que Grégoire, Talleyrand, de Pradt qui, ayant manqué à de nombreux devoirs et donné de nombreux scandales, ne pouvaient voir sans dépit la France tendre de nouveau la main à Rome ; les généraux et les officiers qui, sans cesse à la poursuite de la victoire, avaient depuis longtemps oublié tout ce qui ressemblait à la religion et qui jugeaient le clergé de France d'après quelques moines superstitieux, poltrons et fanatiques qu'ils avaient rencontrés durant la campagne d'Italie; enfin les parents et les amis du premier Consul, tels étaient les éléments des deux partis que séparait un fleuve de sang, qui, sans s'être entendus, formaient à leur insu, à Rome et à Paris, une formidable coalition contre le projet de concordat, coalition dont le contre-coup se faisait bien plus ressentir à Paris qu'à Rome.

Autour du premier Consul, les opinions de toute nature, les conseils de toute sorte se croisaient et s'exprimaient avec une liberté à laquelle il donnait cours, afin de mieux faire connaître à son entourage le sentiment qu'ils lui inspiraient. Les uns lui conseillaient de pousser la France au protestantisme; les autres l'engageaient à faire de l'Église gallicane une Église indépendante dont il deviendrait le chef, de façon à réunir sur sa tête la couronne des Césars et la tiare des papes.

A côté de ces coupables conseils, d'autres opinions se formulaient encore, dont deux surtout avaient une importance véritable. Leur importance venait de ce que l'une émanait du clergé constitutionnel qui comptait ses membres par plusieurs milliers, et de ce que l'autre mettait en avant, quoique sans la définir ainsi, la doctrine de la séparation de l'Église et de l'État, qui depuis s'est maintes fois produite, ralliant à elle un grand nombre de partisans.

En ce qui concernait le clergé constitutionnel, les questions les plus graves étaient soulevées par la négociation du concordat. Le premier Consul s'en préoccupait très-activement déjà et devait s'en préoccuper longtemps encore, comme on le verra par la suite de ce récit. L'Assemblée constituante avait, comme on le sait, promulgué en 1790 une constitution civile du clergé et exigé des prêtres un serment que Pie VI condamna. Ceux qui refusèrent de prêter ce serment furent remplacés dans leurs emplois par ceux qui l'avaient prêté, et on vit alors l'Église de France déchirée par un schisme et divisée en *insermentés* et en *assermentés*. Bientôt la Terreur dirigea ses persécutions contre les premiers, qui furent obligés de fuir ou de se cacher, vivant de charités, exerçant leur ministère, célébrant les offices, administrant même les sacrements, à la hâte, la nuit, dans les maisons de quelques citoyens vaillants et pieux qui affrontaient le danger de devenir leurs complices. Puis le comité de salut public engloba dans les mêmes mesures les insermentés et les assermentés, et ces derniers eurent aussi le martyre, mais sans l'honneur de l'avoir mérité.

Au 9 thermidor la proscription cessa. D'abord rentrèrent les assermentés, qui reprirent possession des postes auxquels ils avaient été nommés en 1790. Plusieurs d'entre eux retirèrent leur serment, d'autres le maintinrent : mais on les vit tous exercer de nouveau le ministère. En 1796, trente mille paroisses étaient desservies par ce clergé, qui comptait sans doute des hommes honorables, mais qui n'avait pas la confiance des fidèles. Bientôt les insermentés revinrent à leur tour. L'ordre se rétablissait, et bien que le Directoire eût fait arrêter Pie VI et proclamé la république dans Rome, il se montrait à l'égard des prêtres, sinon toujours facile, du moins indifférent. Les insermentés se présentèrent dans les paroisses qu'ils desservaient avant la Constitution de 1790 et dans lesquelles les assermentés les avaient remplacés.

On vit alors un nombre infini de temples ayant deux curés qui se disputaient les faveurs des fidèles et qui n'obtenaient ni les uns ni les autres celles du pouvoir. Chaque jour augmentait le discrédit des constitutionnels. Leurs mœurs étaient suspectées, leur vie surveillée, leur position de plus en plus intolérable. Un peu plus tard, au moment où le Concordat était présenté par Portalis à l'approbation du Corps législatif, elle était devenue telle, qu'un député s'en exprimait en ces termes : « Je désirerais que les prê-
« tres qui ont adhéré à la constitution civile du clergé
« fussent récompensés de leur dévouement, mais
« mon respect pour la vérité me force d'avouer qu'il
« existe contre eux une très-forte prévention, mal-
« heureusement fondée sur la mauvaise conduite de
« quelques-uns. » Les prêtres insermentés, au contraire, passaient pour les plus purs. Dans certaines classes de la société, on les appelait martyrs et saints, et bien que de temps en temps diverses voix se fissent entendre en faveur des autres pour engager le pays à se défier aussi bien de l'engouement que du dénigrement et à juger insermentés et assermentés uniquement sur leur mérite et sur leur réputation personnelle, il suffisait que ces derniers eussent appartenu

au parti patriotique pour leur attirer le mépris de beaucoup d'esprits trop ardents ou peu éclairés, ou encore de ceux qui regrettaient l'état de choses que la Révolution avait détruit.

De tout cela résultait une situation regrettable que le premier Consul n'avait pas créée, mais avec laquelle il était obligé de compter et qu'il avait du reste très-rapidement appréciée. Près de deux années plus tard, il écrivait de Rouen au cardinal Fesch, alors archevêque de Lyon : « Vous ne devez point vous dissimu-« ler que cette question de constitutionnels et de non-« constitutionnels est, parmi le plus grand nombre de « prêtres, une question religieuse, mais n'est parmi ses « chefs qu'une question politique. » Or, au moment où il négociait le Concordat, c'est la question politique qui le préoccupait surtout. Il sentait bien qu'il n'assurerait l'ordre et la religion en France, qu'il ne réconcilierait tous ces éléments qui se heurtaient autour de lui que par l'unité du catholicisme, et qu'il n'arriverait à cette unité qu'en mettant les constitutionnels et les non-constitutionnels sur le même pied. D'ailleurs, à ses yeux de chef d'Etat, ceux qui avaient, à une autre époque, prêté serment à l'Etat ne pouvaient être ni coupables, ni traités comme tels, même pour complaire à Rome qui les avait condamnés; obtenir que Rome leur pardonnât, et leur faire dans la reconstitution du clergé une part égale à la part qui serait faite aux insermentés, lui paraissait un but utile, sérieux, fécond et possible, quoique difficile à atteindre.

Le clergé constitutionnel ignorait ces dispositions.

Il ne se doutait guère que, dans la pensée du premier Consul, le Concordat, suivant une belle parole qu'il prononça plus tard, ne devait être le triomphe d'aucun parti, mais la conciliation de tous. Et, tous les prêtres assermentés, lorsqu'ils virent les négociations entamées avec Rome pour le Concordat, se demandèrent s'ils n'allaient pas être sacrifiés aux insermentés. Ne comprenant pas que la politique de Bonaparte lui ordonnait de ne pas abandonner leurs intérêts, ils demandèrent à se réunir à Paris afin de débattre les questions religieuses qui pouvaient trouver une solution dans le Concordat projeté. L'abbé Bernier, à l'instigation sans doute de l'archevêque Spina, s'employa à faire interdire cette assemblée. Au mois de mai 1801, il écrivait à cet effet et en ces termes au premier Consul : « Je crois qu'il est politiquement et religieusement utile d'ordonner la suspension de tout concile ou assemblée d'évêques et de prêtres, pour délibérer sur des objets religieux, jusqu'à ce que vous en ayez autrement ordonné. Cette prohibition regarde la police. » Le premier Consul comprit la valeur de ces conseils et enjoignit au concile de clore sa session. C'est alors que huit des évêques qui y avaient pris part rédigèrent un long Mémoire qui fut transmis à Bonaparte par l'abbé Grégoire. Les bases du Concordat à conclure y étaient vivement attaquées. On suppliait le premier Consul de ne pas réduire les siéges épiscopaux , afin que l'étendue des diocèses ne fût pas un obstacle aux visites pastorales, si nécessaires au bien des fidèles ; de laisser le choix des titulaires des plus hauts emplois ecclésiastiques au premier magistrat de la République, sur la présentation du clergé et des fidèles ; de laisser aussi aux fidèles le droit d'élire leurs pasteurs, comme aux temps de l'Eglise primitive ; de rétablir l'ancien droit ecclésiastique qui attribue la confirmation des élections aux métropolitains, et enfin, pour assurer l'indépendance de l'Eglise gallicane, de surveiller sévèrement l'émission des bulles, brefs et rescrits de Rome.

Dans ces observations, le premier Consul ne dédaignait rien. Il pesait tout, prenait ce qu'il trouvait bon et se montrait inflexible sur les idées qu'il avait adoptées après un mûr examen. Tandis que le clergé constitutionnel lui faisait parvenir ainsi ses désirs et ses vœux, une autre opinion commençait à faire sa **trouée**. « Assurez par des lois décisives la liberté des cultes, lui disait-on ; puis, n'intervenez dans les affaires religieuses que pour les nécessités de l'ordre intérieur. Mais ne salariez pas le clergé, et laissez aux fidèles le soin d'entretenir les ministres de leur religion. »

Le général Lafayette lui-même donnait au premier Consul le même conseil. Il aurait voulu qu'on acceptât dans son intégrité le principe américain d'égalité parfaite entre les cultes, chacun d'eux restant isolé du gouvernement, et les sociétés religieuses se formant à leur gré sous la direction de prêtres de leur choix et payés par elles. Ce n'était autre chose que la fameuse doctrine de la séparation de l'Eglise et de l'Etat.

Depuis longtemps déjà cette doctrine a été présentée, développée, défendue par des hommes éminents.

Peu à peu, elle a fait son chemin. Les Etats-Unis l'ont adoptée ; l'Angleterre, la Hollande et la Belgique essaient de se l'assimiler de plus en plus. L'heure est-elle venue pour la France de s'en emparer à son tour, et de la pratiquer ? C'est au nom de la liberté religieuse que des hommes de grand sens demandent la séparation de l'Eglise et de l'Etat. Ils se trompent. Séparés l'un de l'autre, ni l'Etat, ni l'Eglise n'auraient une plus grande part de liberté. Attaqué de tous côtés, le clergé de France, qui, durant quinze siècles, a vécu protégé par le pouvoir, se retournerait par une vieille habitude vers lui et solliciterait sa protection. L'Etat la lui refuserait-il ! l'Eglise et les catholiques crieraient que le gouvernement les trahit et les abandonne à leurs ennemis. L'Etat la lui accorderait-il ! où serait pour lui, où serait pour l'Eglise le bénéfice de la séparation ? Puis, du jour où l'Eglise serait séparée, livrée à elle-même, le clergé, privé du traitement qui lui est alloué aujourd'hui, ayant tout à attendre de la libéralité des fidèles, ne serait-il pas, comme par le passé, entraîné à acquérir, à posséder ? On pourrait l'en empêcher, disent les partisans de la séparation. D'accord, mais à condition de violer la liberté dans l'exercice même de la liberté. Et le clergé, privé des moyens d'acquérir et de posséder, ne serait-il pas contraint à user de moyens qui le rendraient odieux à ceux qui aiment à croire à son désintéressement?

Mais, ce n'est pas tout, pour répartir, selon les besoins, le bénéfice que ferait l'Eglise, il serait nécessaire d'avoir dans la capitale une administration centrale, à qui seraient confiés les biens ou pour mieux dire les recettes de toutes les provinces, et qui équilibrerait la part revenant à chacune d'elles. Ce serait indispensable, afin que le pasteur d'une misérable paroisse enfouie dans les montagnes ne fût pas exposé à mourir de faim, tandis que le curé d'une grande ville réaliserait des économies. Or, cette immense association dont tous les membres seraient liés entre eux, non-seulement comme aujourd'hui par un lien spirituel, mais encore par un lien matériel, serait un danger pour l'Etat.

Mais au-dessus de ces objections il y a une raison prédominante. Qui demande la séparation? Les ennemis de l'Eglise catholique. Ni les catholiques français, ni le clergé, ni Rome ne la veulent. Ils la repoussent au contraire, et l'illustre et libéral Lacordaire, après l'avoir demandée un jour, s'empressa d'effacer cet acte de l'histoire de sa vie.

Ceux qui la demandent, ce sont, à de rares exceptions, ceux qui pensent y trouver l'affaiblissement de l'Eglise. Ce sont les protestants; ce sont les anciens membres de ces petites églises d'un jour qui s'appelèrent le saint-simonisme et le fourriérisme. Quant à ceux qui aiment l'Eglise catholique, et qui néanmoins demandent la séparation de l'Eglise et de l'Etat, leur nombre est si petit qu'on peut affirmer que ce sont les impatients.

Sans doute, la séparation de la religion et de l'Etat peut être considérée comme l'idéal de la constitution religieuse, de même que le gouvernement absolument démocratique peut être regardé comme la forme idéale du gouvernement ; mais, pas plus dans les grandes choses que dans les petites, l'idéal ne se réalise en un jour. S'il en était ainsi, nous atteindrions la perfection, tandis que la destinée de l'homme est de la chercher, de l'approcher, mais de ne jamais l'atteindre. Aussi, dans les pays qui ont voulu établir la séparation, elle ne s'est établie qu'à moitié, imparfaitement, au milieu de troubles sans nombre. En Angleterre, il y a encore vingt ans, les catholiques n'avaient pas leur liberté, leur culte était ignominieusement travesti par la populace ; et, malgré les proclamations libérales, il y a encore aujourd'hui une église anglicane qui interdit aux israélites l'entrée du Parlement. En Belgique, en Hollande, on a voulu séparer l'Eglise de l'Etat, mais on a dû salarier le clergé, tant a été démontrée l'impossibilité de laisser aux fidèles le soin de le faire vivre. Restent les Etats-Unis, où la doctrine de la séparation de l'Eglise et de l'Etat est appliquée dans son intégrité. C'est le pays dont l'exemple est invoqué sans cesse par les partisans de la séparation. La comparaison est-elle juste ?

Que, dans une société où tout se fondait et dont le fondateur avait eu l'intuition de la révolution politique et sociale qui se préparait, on ait séparé l'Eglise de l'Etat, rien de plus compréhensible. Le fondateur même s'épargnait l'embarras d'avoir à régler les rapports de l'Eglise et de l'Etat. Pour lui, l'Eglise n'existait pas. Elle était dans la collectivité de ses membres, un seul homme, un citoyen soumis au droit commun, tombant sous les lois de son pays, comme le premier venu. Et cette doctrine pouvait être d'autant plus facile à établir, qu'elle s'imposait naturellement à une société encore non homogène, fort peu préoccupée des intérêts religieux, composée d'éléments dissemblables qui ne devaient trouver l'harmonie que dans l'absolue liberté de se confondre et de se fusionner à leur guise. Et néanmoins, quoique s'étant établie dans des conditions aussi favorables, personne ne prouvera qu'elle ait eu pour résultat de faire des États-Unis un pays religieux et débarrassé des querelles d'église à église, ou plutôt de secte à secte, car il y a là-bas plus de sectes que d'églises.

Prétendre qu'en France les choses peuvent se passer ainsi, c'est fermer les yeux pour ne pas voir. La France est essentiellement catholique. En naissant, l'enfant appartient à l'église. Son éducation, l'exemple, les livres qu'on lui met dans les mains, tout doit faire de lui, à une heure décisive de sa vie, un citoyen chrétien, alors même que son esprit et son cœur auront été ballottés d'erreurs en erreurs. Nous regardons sans cesse vers le passé, afin de nous inspirer de lui, même pour le combattre; le mot de traditions a en définitive plus d'influence sur les masses que le mot de nouveautés; tout ce qui tient à la religion s'est toujours placé sous l'égide du pouvoir, et cette protection est regardée comme une nécessité par celui qui la reçoit, comme un devoir par celui qui l'accorde. Dans un pays ainsi fait il y aurait, le jour où l'union n'existerait plus, un trouble qui annihilerait les futurs bienfaits de la séparation.

Mais, du moins, cette séparation substituée à l'union nous donnerait-elle la liberté religieuse plus complétement que nous ne la possédons aujourd'hui? Cela est fort douteux, et la liberté religieuse n'est pas tellement violée chez nous qu'il y ait lieu de tenter une expérience peut-être décevante. En fait de liberté religieuse, nous sommes encore à la tête des nations civilisées et chrétiennes ; les États-Unis eux-mêmes sont après nous, car ils altèrent singulièrement l'essence de la liberté religieuse par la façon dont ils la pratiquent. Le siècle moderne n'a pas vu le pouvoir en France exercer une pression sur les consciences et le clergé la subir, sauf aux époques d'anarchie. Constater ce résultat, c'est faire l'éloge du régime sous lequel nous vivons.

Telles sont les objections qui, à première vue, peuvent être adressées à ceux qui veulent la séparation de l'Église et de l'État. Si elles sont vraies aujourd'hui, elles l'étaient encore plus au commencement de ce siècle, et le premier Consul avait admirablement compris que la théorie dont le général Lafayette voulait l'application était dangereuse dans un pays où, tout étant à reconstituer, il fallait cependant tenir compte des traditions un peu oubliées, mais non anéanties. « Les Français, disait Bonaparte, ne sont pas des Américains. Ce qui est bon chez les uns serait mauvais chez les autres. » Et il disait vrai. De là la pensée de conclure le Concordat.

Ceux que ce Concordat blessait dans leurs opinions expliquaient autrement le sentiment sous la pression duquel agissait le premier Consul. Ils n'y voyaient qu'un mobile d'ambition. Ils recueillaient les mots très-justes que prononçait l'homme politique et qui n'infirmaient en rien les opinions de l'homme religieux, et ils disaient que Bonaparte n'avait d'autre but que de mettre l'Église sous sa main et de s'en faire une force. Cela eût-il été vrai, où était donc le crime de faire concourir cet élément puissant à la reconstitution de l'ordre social et de cette grande nation remuée, troublée, déchirée jusqu'en ses entrailles? Mais était-ce vrai? « Oui, disent ses ennemis, il n'avait pas de croyances. Christianisme, islamisme, boudhisme, tout lui était indifférent. » Rien de plus faux, et les pages de l'exil sont à cet égard plus éloquentes et plus vraies que des mots consignés çà et là dans des mémoires écrits par des hommes de parti et qui, dans tous les cas, n'étaient arrachés qu'à la fougue de la jeunesse et aux ardeurs de ce grand cerveau. On allait jusqu'à lui reprocher d'avoir, en Égypte, recommandé à ses soldats d'agir avec les peuples soumis au Coran comme ils avaient agi avec les juifs et les chrétiens, et d'avoir fait célébrer avec pompe les fêtes du Ramazan. Pourquoi lui faire un crime de cette tolérance, et que n'eût-on pas dit s'il eût fait autrement?

Au fond, le travail de cerveau qui avait poussé le premier Consul dans la voie où nous le suivons était plus simple. Son esprit, si essentiellement pratique, entrevit la nécessité et la possibilité d'une reconstitution sociale. Mais, pour la mener à bonne fin, il fallait être le maître absolu et tenir dans sa main toutes les forces et toutes les influences. Que plus tard, dans l'enivrement de sa gloire, il ait oublié que la liberté devait être le couronnement de son œuvre, personne ne le conteste ; mais, à ce moment, il avait

tourné ses yeux vers la France malheureuse et sai-
gnante, et partout il avait entendu ces mots : « L'ordre,
la paix, la religion, la réconciliation avec Rome, la
réouverture des temples où priaient nos pères, voilà
l'objet de nos vœux. » Dès ce moment, les efforts du
premier Consul tendirent vers ce grand but, et le
Concordat fut un moyen d'y arriver. Qu'on dise ensuite qu'il n'avait pas pour le pape plus de respect
qu'il n'avait d'estime pour l'Église, nous opposerons
à ceux qui le pensent ces belles paroles, qu'il adressait à M. Cacault partant pour Rome en qualité d'ambassadeur de la République : « Traitez le pape comme
s'il avait deux cent mille soldats. » Un plaisant, à cette
occasion, fit une caricature qui représentait le premier
Consul se noyant au fond d'un bénitier, et les évêques
le poussant au fond de l'eau avec leurs crosses.

Nous venons de raconter les embarras qui paraly-
saient les efforts du pape et du premier Consul. Il est
bon de dire que ce dernier, après avoir examiné
avec sa rapidité d'esprit ordinaire ceux qui le touchaient, fit entendre un rugissement qui glaça ses
contradicteurs, et Fouché lui-même, qui avait été
un des plus ardents, dut penser qu'il avait été trop
loin, en se voyant retirer la direction des affaires religieuses aussitôt après la conclusion du Concordat.

En même temps qu'il imposait ainsi sa volonté autour de lui, le premier Consul se retournait du côté de
Rome, et, voyant les lenteurs que subissait la conclusion du Concordat par la faute de la cour romaine, il
résolut de frapper un grand coup.

Nous avons déjà dit sur quels points portaient les

principaux dissentiments entre Rome et Paris. Le pape alléguait qu'il était indispensable de déclarer la religion catholique religion d'État, — ce que le premier Consul refusait. Le premier Consul voulait que, pour aider au remaniement de la circonscription nouvelle, la vente des biens ecclésiastiques fût ratifiée par Rome, — ce que le pape refusait de son côté.

Après divers échanges de projets, on n'avait pu s'entendre sur ces points. Le premier Consul remit une note à monsignor Spina comme son ultimatum; et tandis que ce projet arrivant à Rome était déclaré inadmissible par la cour pontificale, il donnait à son ambassadeur, M. Cacault, l'ordre de quitter Rome si, dans un délai de cinq jours, le Concordat n'était pas signé sans le plus léger changement, sans la plus petite restriction. M. Cacault devait se rendre à Florence, où se trouvait l'armée de Murat.

Cette brutale intimation plaça M. Cacault dans le plus grand embarras. C'était un homme modéré, d'un esprit sensé, d'une grande honorabilité, et d'une noblesse de caractère et de manières qu'il avait puisées dans son éducation et dans une longue carrière au service de la monarchie.

Il voyait clair dans les affaires; il en saisissait rapidement le côté pratique, et on l'aimait à Paris non moins qu'à Rome; aussi fut-il sincèrement regretté lors de son départ, bien qu'il fût remplacé par un prince de l'Église, le cardinal Fesch. L'ordre du premier Consul lui parut vif, et cependant il comprenait quelles raisons l'avaient dicté. Dans l'intérêt de la

France, dans l'intérêt de l'Eglise, dans l'intérêt de Bonaparte, il fallait en finir. Ce dernier ne pouvait s'être compromis inutilement aux yeux de tous les gens qui lui savaient mauvais gré de négocier avec Rome. Il avait le droit de compter sur le pape, et il était naturel qu'il s'irritât des obstacles que celui-ci lui suscitait, alors qu'il devait attendre de lui, dans les circonstances actuelles, un concours sans réserve.

L'ordre, excessif dans sa forme, était juste au fond et faisait naître le moyen d'en terminer enfin avec une négociation déjà trop longue. M. Cacault le comprit ; mais, d'autre part, il savait que le gouvernement pontifical ne signerait jamais le Concordat en trois jours et que, s'il le signait, il laisserait plus tard dire qu'on le lui avait arraché. Dès lors, fallait-il quitter Rome, rompre avec le Saint-Siége, au lendemain d'une réconciliation trop tardive ?

Cette grave question, M. Cacault la résolut grâce à son esprit ingénieux. Il adressa la dépêche de son gouvernement à la secrétaireric d'Etat, puis, lorsqu'il sut qu'on ne voulait pas signer, il alla trouver le cardinal Consalvi, la lui relut et lui dit ensuite : Dans tout ceci, il y a des malentendus. Le premier Consul ne vous connaît pas ; il connaît encore moins vos talents et votre habileté, vos engagements, votre désir de terminer les affaires. Allez à Paris, partez au plus tôt. Vous plairez au général, vous vous entendrez, il verra ce que c'est qu'un cardinal homme d'esprit, vous ferez le Concordat avec lui.

Et comme le cardinal se récriait, M. Cacault ajouta

— Si vous n'allez pas à Paris, je serai obligé de

rompre avec vous, et il y a là-bas des ministres qui
ont conseillé au Directoire de déporter Pie VI à
la Guyane. Si je romps avec vous, Murat marchera
sur Rome, et une fois qu'il sera ici vous traiterez
moins avantageusement qu'aujourdhui.

C'étaient là de bonnes et graves paroles, un conseil
excellent, et on comprend que de celui qui le donnait
Pie VII ait dit plus tard : « Il a été en politique
le précepteur de Consalvi. » Néanmoins, ce dernier
eut quelque peine à le suivre. — Je suis premier
ministre et cardinal, disait-il. Comme ministre, je ne
puis m'éloigner du pape. Comme cardinal, puis-je
me montrer dans un pays où depuis tant d'années on
n'a pas vu un homme d'Eglise ?

M. Cacault répondait en citant l'exemple de l'empereur d'Autriche qui venait d'envoyer son premier ministre à Paris et qui s'en félicitait. Il ajoutait que le choix
fait par Rome d'un haut dignitaire prouverait la bonne
volonté du pape et amènerait à un accommodement.

Le langage de Cacault, le long entretien qu'il eut
avec lui, prouvèrent à Consalvi l'excellence de ses
conseils. Les amis qu'il consulta ensuite, le sacré
collége, le pape lui-même les approuvèrent. Le départ
du cardinal fut donc résolu ; il s'effectua le 6 juin. Il
en avait avisé Spina le 30 mai.

Consalvi quitta Rome en compagnie de M. Cacault,
qui, selon les ordres qu'il avait reçus, se rendait à
Florence et qui, pour prouver qu'il n'y avait pas de
rupture entre la France et le Saint-Siége, avait voulu,
non content de laisser à Rome un chargé d'affaires,
voyager dans la même voiture que le cardinal Consalvi.

Les deux diplomates firent route ensemble jusqu'à Florence, où le cardinal reçut de la bouche du général Murat les assurances les plus douces, en ce qui touchait les intentions du premier Consul. Après un séjour de vingt-quatre heures dans cette ville, il prit seul, ou plutôt accompagné de son frère et de ses gens, la route de Florence, et, après quinze jours, il arrivait à Paris et descendait à l'hôtel où habitaient déjà monsignor Spina et le père Caselli.

Parlant de l'arrivée à Paris du cardinal, M. Thiers a dit qu'il était plein d'épouvante. C'est une erreur ou une exagération. Ce n'était pas de l'épouvante qu'éprouvait Consalvi, et ses impressions se trouvent dans ces trois lignes d'une lettre qu'il adressait au chevalier Acton, ministre à Naples, et que ce dernier s'empressa de faire parvenir au premier Consul : « Le bien de la religion veut une victime, je vais voir le premier Consul, je marche au martyre, la volonté de Dieu soit accomplie. » Que prouve cette lettre ? c'est que Consalvi, se faisant, comme tous ceux qui l'entouraient, une fausse idée de cette France qu'il ne connaissait que par les rapports des émigrés et dont, depuis dix ans, Rome avait eu tant à souffrir, croyait aller au devant d'un danger : mais il y allait courageusement. Il se trompait, mais il ne tremblait pas, et il convient de le dire, car on peut affirmer que Consalvi ne connut pas la peur, comme on le verra dans la suite de ce récit.

A peine à Paris, il comprit combien ses appréhensions étaient peu fondées, et, de son côté, Bonaparte en se trouvant en face de ce cardinal au sujet duquel

Cacault lui avait écrit : « Abordez ses vertus avec les vôtres. Vous êtes grands tous les deux, chacun de vous à sa manière, » ne voulut pas se souvenir que Consalvi l'avait pris pour un homme qui voulait des victimes.

La première visite que reçut Consalvi fut celle de l'abbé Bernier, et le langage que lui tint cet honorable ecclésiastique le rassura. Ce fut l'abbé Bernier qui prévint le premier Consul de l'arrivée du ministre romain, et ce dernier fut reçu le lendemain de son arrivée, non à la Malmaison et en audience privée, comme l'a dit M. Thiers, mais aux Tuileries et en audience publique. Le premier Consul venait de passer une revue ; il était entouré de ses deux collègues, du Sénat, du Tribunat, du Corps législatif, des ministres, des généraux, en un mot, de toute la cour du futur Empereur. Maintenant, que l'on se figure cette assemblée d'hommes issus de la révolution, qui, pour la plupart, s'y étaient tristement illustrés, et au milieu d'elle un prince de l'Église romaine, en costume de ville, présenté au premier Consul par l'ancien évêque d'Autun, M. de Talleyrand, et l'on aura assurément un des tableaux les plus piquants de l'histoire moderne.

Le premier Consul ne fut ni brusque, ni affable. Dès qu'il vit Consalvi, il s'avança vers lui : « Je sais, lui dit-il, le motif de votre voyage en France. Je veux que l'on ouvre immédiatement les conférences, je vous laisse cinq jours de temps, et je vous préviens que si, à l'expiration du cinquième jour, les négociations ne sont pas terminées, vous devrez retourner à Rome, attendu que, quant à moi, j'ai déjà pris mon parti pour une telle hypothèse. » Il n'y avait rien de diplomatique dans ces paroles. Mais Consalvi ne se troubla pas. Il répondit doucement, simplement, dignement : « L'envoi fait par Sa Sainteté de son principal ministre à Paris, est la preuve de l'intérêt qu'elle met à la conclusion d'un concordat avec le gouvernement français, et je me flatte de l'espoir d'être assez heureux pour le terminer dans l'espace de temps que vous désirez. » Cette réponse faite en italien plut à Bonaparte, et le reste de l'entretien s'en ressentit.

Les négociations commencèrent le lendemain et durèrent, non pas cinq jours comme l'avait exigé le premier Consul, mais vingt-cinq. Elles se poursuivirent entre le cardinal, monsignor Spina, le père Caselli et l'abbé Bernier. En outre, le cardinal eut deux longues conférences en tête à tête avec le premier Consul. De ces travaux où Consalvi eut la plus importante et la plus lourde part, sortit enfin le Concordat tel qu'il est aujourd'hui, et le 13 juillet, veille de la fête nationale, le *Moniteur* publiait une note ainsi conçue : « Le cardinal Consalvi a réussi dans l'objet qui l'a amené à Paris. »

Le même jour, à quatre heures, Joseph Bonaparte, frère du premier Consul, M. Cretet, conseiller d'État, et l'abbé Bernier se réunirent à la Malmaison où s'étaient rendus de leur côté Consalvi, Spina et Caselli, à l'effet de procéder à la signature du traité, tel qu'il avait été définitivement arrêté la veille.

Ici se place un fait excessivement grave, dont les Mémoires de Consalvi sont seuls à faire mention, et dont nous n'avons pu, malgré d'actives recherches,

retrouver la trace autre part. S'il faut en croire le
cardinal, il se serait aperçu, au moment de signer,
que la copie qui lui était présentée n'était pas conforme au projet précédemment et définitivement arrêté.
Une telle supercherie s'accorde si peu avec le caractère du premier Consul, avec l'honorabilité de l'abbé
Bernier, que nous n'hésitons pas à croire, faute d'autres preuves, à une erreur du cardinal. Quoi qu'il en
soit, au moment de signer, le désaccord éclata sur le
premier article, et dans de telles conditions qu'après
une séance qui, commencée à cinq heures de l'après-
midi, ne se termina que le lendemain à midi et dura
dix-neuf heures consécutives, les plénipotentiaires se
séparèrent sans avoir pu s'entendre sur la rédaction
de ce premier article. En apparence le dissentiment
n'avait qu'une cause futile. Le premier article était
ainsi conçu : « Le culte sera public, en se conformant
aux règlements de police. » Consalvi voyait dans
cette rédaction une atteinte portée à la liberté et à la
publicité du culte, et un moyen de mettre le pouvoir
religieux sous la dépendance absolue du pouvoir laïque. Il voulait une restriction, quelques mots de nature à indiquer que la police n'avait à intervenir que
pour le maintien de la tranquillité publique. Quelques
jours plus tard, il obtint gain de cause sur ce point ;
mais, en ce moment, l'ordre du premier Consul était
formel, et on dut se séparer sans avoir rien conclu.

Consalvi et ses compagnons rentrèrent chez eux,
la mort dans le cœur, car ils avaient à se rendre aux
Tuileries, où le premier Consul donnait un grand dîner. Ici nous cédons la parole au cardinal, qui a ra

conté dans ses Mémoires la scène qui va suivre avec une ampleur digne de Tacite.

« A peine étions-nous entrés dans le salon où se tenait le premier Consul, salon que remplissait tout un monde de magistrats, d'officiers, de grands de l'État, de ministres, d'ambassadeurs, d'étrangers les plus illustres invités à ce dîner, qu'il nous fit un accueil facile à imaginer, ayant déjà vu son frère. Aussitôt qu'il m'aperçut, il s'écria, le visage enflammé et d'un ton dédaigneux et élevé :

— « Eh bien, monsieur le cardinal, vous avez voulu rompre! Soit. Je n'ai pas besoin du pape. Si Henri VIII, qui n'avait pas la vingtième partie de ma puissance, a su changer la religion de son pays et réussir dans ce projet, bien plus le saurai-je faire, et le pourrai-je, moi. En changeant la religion en France, je la changerai presque dans toute l'Europe, partout où s'étend l'influence de mon pouvoir. Rome s'apercevra des pertes qu'elle aura faites, elle les pleurera, mais il n'y aura plus de remède. Vous pouvez partir, c'est ce qui vous reste de mieux à faire. Vous avez voulu rompre, eh bien, soit! puisque vous l'avez voulu. Quand partez-vous donc?

— « Après dîner, général, répliquai-je avec calme.

« Ce peu de mots fit faire un soubresaut au premier Consul. Il me regarda très-fixement, et à la véhémence de ses paroles je répondis, en profitant de son étonnement, que je ne pouvais ni outrepasser mes pouvoirs ni transiger sur des points contraires aux maximes que professe le Saint-Siége.

— « Dans les choses ecclésiastiques, ajoutai-je, on ne peut faire tout ce qu'on ferait dans les choses temporelles en certains cas extrêmes. Nonobstant cela, il ne me semble pas possible de prétendre que j'aie cherché à rompre du côté du pape, dès qu'on s'est mis d'accord sur tous les articles, à la réserve d'un seul, pour lequel j'ai prié qu'on consultât le Saint-Père lui-même; car ses propres commissaires n'ont pas rejeté cette proposition.

« Plus radouci, le Consul m'interrompit en disant qu'il ne voulait rien laisser d'imparfait, et que ou il statuerait sur le tout ou rien. Je répliquai que je n'avais pas le droit de négocier sur l'article en question, tant qu'il le maintiendrait précisément tel qu'il l'avait proposé, et que je n'admettrais aucune modification. Il reprit très-vivement qu'il l'exigeait tel quel, sans une syllabe de moins ou de plus. Je lui répondis **que**, dans ce cas, je ne le souscrirais jamais, parce que je ne le pouvais en aucune manière. Il s'écria : « Et c'est pour cela que je vous dis que vous avez cherché à rompre, et que je considère l'affaire comme terminée, et que Rome s'en apercevra et **versera** des larmes de sang sur cette rupture. »

« Tandis qu'il parlait, se trouvant proche du comte de Cobenzel, ministre d'Autriche, il se retourna vers lui avec une extrême vivacité et lui répéta à peu près les mêmes choses qu'à moi, affirmant plusieurs fois qu'il ferait changer de manière de penser et de religion dans tous les États de l'Europe, que personne n'aurait la force de lui résister, et qu'il ne voulait pas assurément être seul à se passer de l'Église romaine (c'est sa phrase); qu'il mettrait plutôt l'Europe en feu de fond en comble, et que le pape en aurait la peine et la faute encore.

« Puis il se mêla brusquement à la foule des conviés, répétant les mêmes choses à beaucoup d'autres. Le comte de Cobenzel, consterné, accourut de suite vers moi et se mit à me prier, à me supplier d'inventer quelque moyen pour détourner une pareille calamité. Il ne me dépeignait que trop éloquemment les conséquences certaines qui allaient en résulter pour la religion, pour l'État. Je lui avouai que je ne les voyais que trop, que je m'en désolais, mais que rien ne pourrait me faire souscrire à ce qui ne m'était pas permis. Il m'avouait qu'il comprenait parfaitement que j'avais raison de ne pas trahir mes devoirs, mais qu'il s'étonnait qu'on ne pût pas découvrir quelque moyen de conciliation, et tomber d'accord, quand il n'y avait plus qu'un seul article en litige. Je lui répondis qu'il était impossible de tomber d'accord et de se concilier, lorsqu'on prétendait obstinément ne pas retrancher ou ajouter une seule syllabe à l'article débattu, comme s'en exprimait le premier Consul, puisque dès lors on ne pouvait réaliser ce qui a coutume de se dire et de se faire en toute négociation, à savoir, que, chacune des parties risquant un ou deux pas, on finissait par se rencontrer. On ouvrit dans ce moment la salle à manger, et on passa à table, ce qui rompit l'entretien.

« Le dîner fut court, et on s'imagine que je n'en goûtai jamais un plus amer. De retour au même salon, le comte de Cobenzel reprit avec moi la conversation interrompue. Le premier Consul, nous voyant causer ensemble, s'approcha, et s'adressant au comte, il lui dit qu'il perdait son temps s'il espérait vaincre l'obstination du ministre du pape, et il répéta en partie ce qu'il avait avancé précédemment, en y mettant la même vivacité et la même force. Le comte répondit qu'il le priait de lui permettre de déclarer qu'il rencontrait non de l'obstination dans le ministre du souverain pontife, mais bien un sincère désir d'arranger les choses et un extrême regret de cette rupture, mais que, pour arriver à une conciliation, c'était au premier Consul seul d'en ouvrir la voie.

— « Et comment? répliqua-t-il avec vivacité. — C'est, reprit le comte, d'autoriser une nouvelle séance entre les commissaires respectifs et de vouloir bien leur permettre de chercher le moyen d'introduire dans l'article en litige quelques changements propres à satisfaire les deux parties. Puis, ajouta Cobenzel, j'aime à penser que votre désir de donner la paix à l'Europe, comme vous me l'avez souvent promis, vous décidera à renoncer à cette détermination de ne souffrir aucune addition, aucun retranchement à cet article, d'autant plus que c'est vraiment une calamité de consommer une aussi regrettable rupture pour un seul article, quand on a combiné tout le reste à l'amiable.

« Ce discours du comte de Cobenzel fut accompagné de beaucoup d'autres paroles sortant très-réellement de la bouche d'un véritable homme de cour, toutes pleine de politesse et de grâce, ce en quoi il était fort expert; et il manœuvra avec tant d'esprit,

que le premier Consul, après quelque résistance, s'é-
cria : Eh bien ! afin de vous prouver que ce n'est pas
moi qui désire rompre, j'adhère à ce que demain les
commissaires se réunissent pour la dernière fois.
Qu'ils voient s'il y a possibilité d'arranger les choses ;
mais si on se sépare sans conclure, la rupture est regardée comme décisive, et le cardinal pourra s'en
aller. Je déclare aussi que cet article, je le veux absolument tel quel, et que je n'admets pas de changements. » Et là-dessus il nous tourna les épaules. »

On avait obtenu un délai, mais la difficulté n'était
pas vaincue, puisque le premier Consul, par son inflexibilité, liait les mains aux plénipotentiaires. Durant une longue nuit, Consalvi examina la question,
la retourna sous toutes ses faces, et comme il était
plus homme d'État que théologien, il ne trouva pas
qu'il dût revenir sur sa décision. Il se résolut donc à
en subir les conséquences, bien que monsignor Spina
et le père Caselli lui eussent déclaré qu'aucun dogme
n'était lésé par l'article tel que le présentait le gouvernement français. Consalvi demeura inébranlable,
et le lendemain, après avoir discuté durant onze
heures, les négociateurs français firent ce qu'ils
auraient dû faire dès le début, et Joseph Bonaparte
prit sur lui d'admettre la rédaction de Consalvi qui
ne portait, en définitive, aucune atteinte aux droits
de l'État. On arrêta donc l'article tel qu'il est
aujourd'hui : « La religion catholique, apostolique et romaine sera librement exercée en France. Son
culte sera public, en se conformant aux règlements
de police que le gouvernement jugera nécessaires

pour la tranquillité publique. » Joseph se chargea de le faire accepter au premier Consul. Enfin, le Concordat fut signé le 15 juillet à minuit.« A la même heure, dit Joseph dans ses Mémoires, je devenais père. »

Le lendemain, Consalvi fut reçu par le premier Consul avec la courtoisie la plus bienveillante.

— « Sa Sainteté a voulu, dit le cardinal, prouver à la France et au monde qu'on calomnie le Saint-Siége lorsqu'on le dit mu par des motifs temporels. Elle a désiré aussi mettre les concessions et les sacrifices faits dans le Concordat à l'abri de l'accusation des méchants. Les méchants, en effet, auraient pu dire que ce n'est pas le bien spirituel, mais les avantages temporels qui ont déterminé ce traité de paix religieuse, si on voyait qu'à l'occasion du Concordat l'Eglise eût retiré quelque compensation ou quelque territoire. »

Ces paroles étaient justes. Si on considère qu'au début de la négociation, le pape ne voulait ni demander aux évêques leur démission, ni ratifier la vente des biens ecclésiastiques, et qu'en définitive il était revenu progressivement, et pour le seul bien de la religion, à des opinions contraires, sans qu'il en résultât pour lui aucun bénéfice temporel, on est amené à proclamer son désintéressement.

Consalvi quitta Paris quelques jours plus tard, après avoir eu avec le premier Consul divers entretiens au sujet des évêques constitutionnels, que ce dernier voulait comprendre dans la nouvelle circonscription, et arrêté dans ses parties principales la bulle qui devait accompagner le Concordat. Il laissait à Pa-

ris les souvenirs les plus charmants. Il avait vécu
modestement, comme il convient à un prêtre, refusant de se montrer dans les lieux publics et donnant
l'exemple du désintéressement le plus absolu et d'une
excessive austérité de mœurs. Par une circonstance
assez singulière et qui ne s'explique que par la sympathie qui peut s'établir entre deux hommes d'infiniment d'esprit, il s'était particulièrement lié avec
M. de Talleyrand.

IV

1801 — 1802

Lorsqu'on apprit en France la conclusion du Concordat, un cri de gratitude sortit du cœur de la nation. Qu'autour du premier Consul, dans cette société sceptique et blasée qui avait également adopté le culte de l'Être suprême et le culte de la Raison, il y ait eu des murmures, c'était une conséquence trop naturelle des doctrines qu'elle avait transformées en principes, pour qu'on doive en être surpris. Que le clergé constitutionnel, se croyant sacrifié, refusât d'abord d'applaudir à la réconciliation opérée entre la France et Rome, c'était encore un fait nécessairement attendu et qui se produisait logiquement. Mais, ce qu'il faut constater, c'est que dans le Concordat la masse de la nation salua l'aurore d'une nouvelle ère religieuse et vit un bienfait. Tous les véritables amis du premier Consul le félicitèrent de même que les soutiens désintéressés de la papauté applaudirent au courage de Pie VII; les seuls ennemis de l'un et de l'autre se montrèrent dépités, car, dans le Concordat, le gouvernement de Bonaparte et la puissance pontificale trouvaient également une cause de consolidation.

Au lendemain de cette célèbre date du 15 juillet 1801, les membres de l'épiscopat qui résidaient en France ou qui y rentrèrent témoignaient hautement de leur satisfation. L'un d'eux, Mgr de Belloy, vieillard de quatre-vingt-douze ans, rendit même visite au premier Consul, qui conçut pour lui, dès cette visite, tant de vénération et d'estime qu'il le nomma sur-le-champ à l'archevêché de Paris. Une certaine portion du clergé était moins unanime dans sa reconnaissance, non que le Concordat lui parût une œuvre mauvaise en soi, mais parce que cet acte, qui consolidait le pouvoir de Bonaparte, éloignait encore la possibilité du retour des Bourbons. Néanmoins, la majorité se ralliait franchement au Concordat et approuvait également les motifs qui, à Rome comme à Paris, en avaient dicté la conclusion.

Cependant, tout était loin d'être fini. Le traité signé, il restait une œuvre plus difficile à accomplir : son exécution. Le cardinal Consalvi était revenu à Rome en toute hâte, afin de soumettre le Concordat à l'approbation du Saint-Siége et de faire signer au pape la bulle qui devait l'accompagner. Dès son re-

tour, le gouvernement romain sentit que son plénipotentiaire à Paris était toujours son maître. Durant
son absence, on avait bien essayé de détruire son
crédit auprès du pape; on avait créé, pour le présent
comme pour l'avenir, mille difficultés; on avait
essayé de prouver à Pie VII que Consalvi ne pouvait
réussir à Paris qu'au détriment des droits de l'Église.
Mais, le jour où Consalvi fut revenu, le pape l'embrassa, le cardinal promena fièrement son regard sur
ses détracteurs, et tout se tut devant lui. Après quelques
discussions dans le sein du sacré collége, le Concordat
fut ratifié, et un courrier extraordinaire en apporta la
nouvelle officielle à Paris.

A dater de ce moment, il y eut entre les deux gouvernements un actif échange de dépêches. Le premier
Consul demandait que le pape lui adressât la bulle
qui devait proclamer la nouvelle circonscription épiscopale, et le pape demandait qu'on se hâtât de publier en France le Concordat. Mais Napoléon était
alors vivement préoccupé des embarras politiques que
lui suscitait le Tribunat. Ce n'était pas seulement le
Concordat que cette assemblée menaçait de son oppo-
sition, mais encore le Code civil qui s'élaborait et les
glorieux traités que la France venait de conclure avec
les puissances étrangères. Il y avait là des difficultés
que Bonaparte désirait aplanir avant de promulguer
le Concordat. Puis, il fallait proposer et rédiger la
loi qui devait régler sa mise en œuvre, composer
le personnel du clergé, et régler les rapports des
cultes non catholiques avec l'État. Ces travaux, confiés à M. Portalis, ne pouvaient être préparés en

un jour. Pour promulguer solennellement le Concordat, Bonaparte voulait attendre le moment où il pourrait rétablir le culte catholique sur toute l'étendue du territoire français. Il ne fallut pas moins de neuf mois pour venir à bout de ces difficultés, et ce fut seulement en avril 1802 que le Concordat fut déclaré loi de l'État. On célébra, le même jour, la conclusion d'une paix générale avec l'Europe, et le rétablissement de la religion. Mais que d'efforts de volonté, de patience, de ruse même, avait nécessités ce merveilleux résultat !

Aussitôt après la ratification du Concordat, le premier Consul avait demandé qu'on accréditât auprès de lui, en qualité de légat, le cardinal Caprara. Ce prince de l'Église avait été successivement nonce à Cologne, à Lucerne et à Vienne. Bonaparte l'avait, en diverses circonstances, vu à l'œuvre et apprécié. Le cardinal était déjà fort âgé, mais il avait rendu de grands services, et son expérience, son habileté permettaient d'espérer qu'il en rendrait encore. Le pape le nomma, malgré les répugnances de Consalvi, qui, plus tard, lui reprocha d'avoir adopté pour maxime que la condescendance seule pouvait sauver Rome d'une ruine entière. Caprara avait raison. Il avait très-sainement jugé le premier Consul. « Il importe, disait-il souvent, de ne pas l'irriter. » C'est à ce but qu'allaient tous ses efforts, et nul moyen n'était plus sûr pour obtenir la confiance de Bonaparte que cette modération dont il faisait preuve en toute circonstance. Après avoir reçu, dans un consistoire public, la croix papale, il partit pour Paris vers la fin de 1801 et y fut reçu comme ambassadeur de Pie VII, en attendant qu'il pût l'être comme légat du Saint-Siége. Trois jours après son arrivée, M. Portalis fut chargé de la direction des cultes.

Aux termes du Concordat, le pape était tenu de demander à tous les titulaires des évêchés, pour le bien de la paix et dans l'intérêt de l'Église, la résignation de leurs siéges et de leur déclarer que, s'ils se refusaient à ce sacrifice, il serait pourvu, au moyen de nouveaux titulaires, au gouvernement des évêchés de la circonscription nouvelle. Il fallait exécuter sans retard cette clause que Pie VII avait eu tant de peine à accorder et qu'il n'avait signée que parce qu'il était convaincu qu'elle faciliterait le rétablissement de l'unité dans l'Église de France. Le Saint-Siége s'adressa donc à tous les évêques et archevêques français. Les uns étaient dans leur patrie, les autres en Italie, en Espagne, en Allemagne et en Angleterre. A tous, le pape tint un langage ferme mais paternel. Aux évêques constitutionnels, il demandait l'abjuration de leurs anciennes erreurs, et les exhortait à revenir à l'Église qui leur tendait les bras. Aux évêques insermentés, il tenait un autre langage : il les traitait en évêques et leur demandait de se démettre de leurs fonctions, en leur laissant entrevoir quel prix il y attachait et combien serait méritoire la marque de désintéressement qu'il attendait d'eux.

Il y eut, parmi l'épiscopat de France, comme une émulation dans le sacrifice. De toutes parts les démissions arrivèrent. Les évêques constitutionnels se démirent en masse, à l'exception d'un seul. Parmi les évêques non assermentés, les refus furent plus nombreux.

Dix-neuf habitaient l'Angleterre. Cinq d'entre eux seulement eurent le courage d'échapper à l'influence de l'émigration et envoyèrent leur démission. C'étaient MM. de Cicé, de Boisgelin, d'Ormond, de Noé et du Plessis d'Argentré. Les autres, oubliant qu'en 1791 ils avaient envoyé leur démission à Pie VI, afin qu'elle aidât à rétablir la paix au sein de l'Église gallicane, mirent des intérêts matériels et politiques au-dessus du grand intérêt religieux qu'il s'agissait de faire triompher et demandèrent qu'un concile des évêques de France fût chargé de statuer sur la décision à intervenir, comme si l'impossibilité d'un concile où ils auraient pris part n'était pas évidente, alors qu'ils ne cessaient de conspirer contre la France. Il y eut plus : l'un d'eux, l'évêque d'Arras, accepta la mission dont il fut chargé par le comte d'Artois et qui consistait à tout faire pour détourner les évêques réfugiés en Allemagne de se rendre aux vœux du Saint-Père.

Ces coupables efforts ne purent rallier au total que vingt et un archevêques ou évêques, parmi lesquels se trouvait le cardinal de Montmorency. Ils refusèrent leur démission.

Ce fut un chagrin cruel pour le cœur de Pie VII, qui cependant ne se découragea pas. Il écrivit de nouveau aux prélats récalcitrants une lettre touchante et ferme. « Le parti que vous avez pris leur disait-il, vous ôte l'incomparable mérite que vous pouviez acquérir par ce dernier sacrifice... Votre résistance ne peut rien empêcher de l'exécution des mesures prises pour le bien de la religion. » Un peu plus tard, Portalis, s'adressant au premier Consul, exprimait la même idée : « Ceux qui refusent leur démission, écrivait-il, sont à l'instar d'un justiciable dont les mémoires et les défenses préparent la décision du juge, sans la contraindre. Ils peuvent éclairer par leurs observations. Ils ne peuvent rien empêcher par leur volonté. »

Quant à Consalvi, il répondit au pape qui lui exprimait sa douleur : « Je m'attendais à ce qui arrive, mais nous avons des intentions justes et religieuses. Dieu ne permettra pas que nous nous égarions. La France renferme tant de catholiques qui n'ont pas de pasteurs ! » Les évêques, pressés par le pape, refusèrent définitivement d'accéder à ses désirs.

Mais tandis que la politique, et la politique seule, dictait ces refus, on voyait surgir des adhésions qui devaient les faire oublier. Il en arrivait de toutes parts, quelques-unes accompagnées de lettres admirables.

Le vieil évêque de Marseille, Mgr de Belloy, est à la tête de cette croisade du sacrifice : « Plein, dit-il, de vénération et d'obéissance pour les décrets de Sa Sainteté, et voulant toujours lui être uni de cœur et d'esprit, je n'hésite pas à remettre entre les mains du Saint-Père ma démission de l'évêché de Marseille. Il suffit qu'elle l'estime nécessaire à la conservation de la religion en France pour que je m'y résigne. »

L'évêque d'Alais écrivait : « Heureux de pouvoir concourir par ma démission, autant qu'il est en moi, aux vues de sagesse, de paix et de conciliation que Sa Sainteté s'est proposées, je prie Dieu de bénir ses pieuses intentions et de lui épargner les contradictions qui pourraient affliger son cœur paternel. »

L'évêque d'Acqs : « Je n'ai pas balancé à m'immoler, dès que j'ai appris que ce douloureux sacrifice était nécessaire à la paix de la patrie et au triomphe de la religion..... Qu'elle sorte glorieuse de ses ruines! qu'elle s'élève, je ne dirai pas seulement sur les débris de tous mes intérèts les plus chers, de tous mes avantages temporels, mais sur mes cendres mêmes, si je pouvais lui servir de victime expiatoire! Que mes concitoyens reviennent à la concorde, à la foi et aux saintes mœurs! Jamais je ne formerai d'autres vœux pendant ma vie, et ma mort sera trop heureuse si je les vois accomplis. »

L'évêque de Senlis : « Par attachement pour la religion, pour conserver l'unité catholique, pour procurer l'avantage et le bien des fidèles et seconder les paternelles invitations de Sa Sainteté, j'abandonne volontairement et de plein gré le siége épiscopal de Senlis, et j'en fais la libre démission entre les mains de Sa Sainteté. »

L'évêque de Saint-Claude : « Je respecte trop les ordres de Sa Sainteté pour ne pas m'y conformer. Aucun sacrifice ne me coûtera, lorsqu'il s'agira du rétablissement de la religion et de la gloire de mon divin auteur. »

« Évêque pour le bien des peuples, dit l'évêque de Saint-Papoul, je cesserai de l'ètre pour que rien ne s'oppose à leur union future, trop heureux de pouvoir, à ce prix, contribuer à la tranquillité de l'Église.»

Enfin, l'évêque de Saint-Malo, Mgr de Pressigny, que nous retrouverons plus tard ministre de France à Rome, placé entre son amour pour les Bourbons et l'obéissance qu'il doit à l'Église, n'hésite pas. Il donne sa démission pour prouver sa déférence au pape; mais pour prouver aux Bourbons sa fidélité, il refusera jusqu'en 1814 les siéges qui lui seront offerts, et d'autres, parmi les démissionnaires, feront comme lui.

« Confessons-le, dit M. Thiers, c'est une belle institution que celle qui inspire ou commande de tels sacrifices et un tel langage. Les plus grands noms de l'ancien clergé et de l'ancienne France, les Rohan, les La Tour du Pin, les Castellane, les Polignac, les Clermont-Tonnerre, les La Tour d'Auvergne, se faisaient remarquer sur la liste des démissionnaires. Il y avait un entraînement général, qui rappelait les généreux sacrifices de l'ancienne noblesse française dans la nuit du 4 août. C'était le même empressement à faciliter, par un grand acte d'abnégation, l'exécution de ce Concordat, que M. Cacault avait appelé l'œuvre d'un héros et d'un saint. »

Il importe toutefois d'ajouter, pour la vérité de l'histoire, que, plus tard, les évêques qui avaient refusé de se démettre, adressèrent au pape diverses protestations auxquelles adhérèrent quelques-uns de ceux qui s'étaient démis.

Cependant, on attendait à Paris la bulle pontificale qui devait régler la nouvelle circonscription diocésaine, et qui n'arrivait pas assez vite au gré du premier Consul. Il s'en impatientait, prompt à voir dans les retards de la Cour de Rome le résultat d'arrière-pensées et de projets contraires aux siens. Il faisait écrire à M. Cacault; il tourmentait le cardinal Caprara qui ne pouvait que lui répéter qu'à Rome, on avait autant qu'à Paris hâte d'en finir. Il ne se calmait que par la lecture des lettres de notre ministre auprès du Saint-Siége, qui, dans ces circonstances, semblait n'avoir d'autre but que de remplir à Rome le rôle de conciliateur que Caprara s'efforçait de tenir à Paris. Il expliquait naturellement ces retards dont se plaignait le premier Consul. «La politique n'y est pour rien, écrivait-il. La déesse de la politique, si redoutable, a depuis longtemps quitté le Vatican. La cour de Rome d'autrefois n'est pas celle d'aujourd'hui, et le pape surtout est le meilleur des ecclésiastiques. » Puis, la bulle, si impatiemment attendue à Paris, étant partie, il rendait en ces termes justice à Consalvi. « Il n'y a jamais eu d'exemples de tels travaux accomplis avec autant de célérité. Les intentions du pape sont véritablement bonnes et obligeantes pour nous. Le cardinal-secrétaire d'Etat est tellement engagé dans cette affaire et tellement lié au sort qu'elle aura, qu'il travaille nuit et jour pour l'amener au terme heureux que nous souhaitons. Je ne sais lequel des deux a été plus nécessaire, de son voyage de Rome à Paris ou de celui de Paris à Rome. S'il fallait sa présence près du gouvernement français pour conclure à Paris l'accommodement, il fallait sa présence à Rome, auprès du sacré collége, auprès des théologiens de Sa Sainteté, pour arriver à conclure en si peu de temps ratification et bulle. »

La bulle pontificale arrivée à Paris, on procéda sans retard à la nomination des soixante archevêques ou évêques qui devaient occuper les nouveaux siéges. Ce fut un long et difficile travail, dont l'honneur revient surtout à M. Portalis et à l'abbé Bernier. Ce qui le rendait plus délicat encore, c'était la question des prélats constitutionnels, qui devait être résolue en cette circonstance. Le premier Consul avait exigé qu'ils fussent représentés par deux archevêques sur dix à nommer et par dix évêques sur cinquante. Bien que les évêques insermentés eussent déclaré qu'ils ne voyaient à ces nominations aucun inconvénient, les sujets ayant fait leur soumission au pape, ce fut une nouvelle source de difficultés avec la cour de Rome, qui exigeait d'eux une rétractation humiliante, à laquelle le premier Consul leur enjoignit de ne pas se soumettre. — « Ils prêtent le serment et font leur profession de foi, disait-il, ce trait seul d'obéissance au pape vaut mille rétractations. Adhérer au Concordat, c'est se soumettre aux jugements du Saint-Siége, et cela suffit. »

Le cardinal Caprara, qui avait reçu de Rome les pouvoirs nécessaires pour conférer au nom du pape l'institution canonique aux nouveaux pasteurs, refusa d'abord de la donner aux douze prélats constitutionnels. Il était assurément convaincu que Bonaparte avait été contraint, dans l'intérêt de la paix intérieure, de comprendre quelques assermentés dans les nominations, puisqu'au mois de mai 1802 il l'écrivait à Rome. Mais, sachant combien le pape tenait à une rétractation formelle, et ne pouvant l'obtenir parce qu'elle eût trop humilié ceux qui l'eussent signée, il refusait de les admettre au bénéfice du droit d'institution qu'il tenait du pape. Il eut à cet égard diverses conférences avec l'abbé Bernier, avec M. Portalis, avec le premier Consul lui-même. A toutes ses observations, ce dernier répondait par des raisonnements non moins sérieux, basés sur les besoins de sa politique et sur l'intérêt de la religion. — « Le temps est passé, lui disait Bonaparte, en se promenant avec lui dans le parc de la Malmaison, où les prêtres faisaient des miracles. Ce temps peut-il revenir ? Non ! alors, laissez-moi faire, et ayez confiance en moi. »

Mais Caprara, qui connaissait sa cour, résistait encore.

Cependant, les fêtes de Pâques approchaient; c'était le jour choisi par le premier Consul pour célébrer à Notre-Dame la conclusion de la paix et le rétablissement de la religion. Lassé de ces retards, il manda l'abbé Bernier et l'envoya à Caprara, avec l'ordre de lui déclarer formellement que si les douze prélats constitutionnels n'étaient pas institués à court délai, le Concordat serait déclaré non avenu. — « Il dépend de vous, dit l'envoyé de Bonaparte au légat, que la France reste schismatique. » Le cardinal se soumit. « Placé, dit-il plus tard, en répondant aux injustes reproches que Convalvi lui adressait et qu'il avait prévus, placé dans la dure alternative de ne pas voir publier le Concordat, ce à quoi les ennemis de la bonne cause visent avec opiniâtreté, ou de voir que le pape même auquel on l'aurait expédié eût été obligé de sanctionner l'arrêt le plus ingrat, pour sauver l'honneur du Saint-Siége, j'ai pris sur moi de faire ce que l'on exigeait et d'accorder de bonne grâce ce qu'on ne pouvait retenir. »

Néanmoins, cette affaire ne fut véritablement terminée qu'au moment où Pie VII vint sacrer l'Empereur à Paris. Il obtint alors des constitutionnels une rétractation si formelle, qu'à son retour à Rome il se félicitait hautement de ce résultat.

Quoi qu'il en soit, deux constitutionnels, MM. Lecoz et Primat, furent nommés, l'un à l'archevêché de Besançon, l'autre à l'archevêché de Toulouse. Dix autres membres du clergé assermenté allèrent occuper des évêchés importants; admirable précaution qui devait hâter la réconciliation des prêtres assermentés avec les insermentés, si nombreux des deux côtés. A cet égard, les idées du premier Consul étaient si nettement arrêtées que, quelques mois plus tard, il écrivait à son oncle, archevêque de Lyon, au sujet de la reconstitution de son clergé : « Vous devez agir avec dextérité, mais réellement placer le plus de constitutionnels que vous pourrez...

« J'aimerais assez que votre première démarche fût de prendre par la main un de ceux qui ont le plus de consistance dans le parti réfractaire, sans être cependant trop exagéré, et un de ceux qui ont le plus de consistance dans le parti constitutionnel, de les bénir et de les embrasser à la fois, en leur disant que l'union, la fraternité est la base fondamentale de la religion. Quelque chose de saillant en ce genre serait d'un bon résultat pour la religion et un bien pour l'État. »

Il complétait ces paroles, lorsqu'il disait au cardinal Caprara :

« Les querelles religieuses ne se passent pas autrement que les querelles politiques. »

La question des constitutionnels ainsi réglée, on procéda à d'autres nominations. On prit dix-sept archevêques ou évêques dans l'ancien épiscopat. Pour ne citer que quelques noms, M. de Belloy, comme on le sait, fut nommé à l'archevêché de Paris, M. de Cicé à l'archevêché d'Aix, M. de Boisgelin à l'archevêché de Tours, M. de La Tour du Pin à l'évêché de Troyes, M. de Roquelaure à l'archevêché de Malines. Enfin, trente et un évêques furent choisis hors de l'épiscopat existant. Parmi eux, on remarquait l'abbé Fesch, oncle du premier Consul, promu à l'archevêché de Lyon ; l'abbé Cambacérès, frère du collègue de Bonaparte, nommé archevêque de Rouen, et l'abbé Bernier, nommé à l'évêché d'Orléans,—récompense trop faible pour les éminents services qu'il avait rendus et devait rendre encore, et que le premier Consul se proposait de reconnaître d'une manière plus éclatante.

Ainsi, peu à peu, tout s'organisait. Les ennemis du premier Consul, les ennemis de l'Eglise voyaient s'approcher l'époque où rien ne s'opposerait plus à la célébration du grand acte religieux qu'on devait à l'initiative du premier Consul. Ils en éprouvaient un dépit profond. Ils essayaient de toutes leurs influences pour faire surgir des difficultés nouvelles ; ils s'adressaient tantôt à Portalis pour lui inspirer des idées qui pouvaient devenir un embarras, tantôtà Caprara pour lui suggérer des scrupules et le détourner de conférer l'institution. Le dévouement de l'un, le bon sens de l'autre, et par-dessus tout la volonté du premier Consul, énergiquement secondé par Cambacérès, eurent raison de tous les obstacles.

Le conseil d'État avait rédigé les articles organiques; le Corps législatif et le Tribunat avaient adopté le Concordat et cette loi complémentaire. Rien ne s'opposait plus au rétablissement officiel de la religion en France.

Peu de jours avant les fêtes de Pâques, qui depuis si longtemps n'avaient pas été célébrées, le cardinal Caprara, précédé de la croix d'or que les légats *a latere* ont le droit de faire porter devant eux, fut officiellement reçu en cette qualité par le premier Consul. Le dimanche des Rameaux, quatre des nouveaux prélats furent sacrés dans l'église Notre-Dame délabrée, nue, dans le plus triste abandon, et le jour de Pâques les voûtes de la basilique retentissaient du *Te Deum* solennel qui consacre dans l'Église et dans le monde catholique les grandes joies et les grands souvenirs. D'après le désir exprimé par le premier Consul, tout ce que la société parisienne comptait d'élevé assistait à cette fête. Si ce jour-là Pie VII et Consalvi avaient pu voir Bonaparte au milieu de ses généraux, un peu indignés pour la plupart de se trouver là, imposant, par sa présence et l'énergie de son regard, le silence et le respect à cette cohue élégante encore non rattachée aux traditions religieuses, et qui dans ce spectacle, si nouveau pour elle, cherchait bien plus une scène originale qu'un grand acte de reconstitution sociale, ils auraient compris, comme le comprenait Caprara, les difficultés vaincues, et pour celui qui avait fait ce miracle ils n'auraient eu, dès ce jour, que de la reconnaissance. Mais à Rome on ne se rendait pas compte de tant d'obstacles, et à la joie d'avoir réussi sur certains points se mêlait le regret d'avoir échoué sur d'autres.

La connaissance qu'on eut alors des articles organiques augmenta ce regret et y mêla quelques colères. Cette loi organique était cependant la conséquence même du Concordat. Depuis, elle a donné lieu à de vives disputes. Les uns l'ont attaquée au nom de la liberté religieuse, les autres l'ont défendue au nom de la liberté de l'État. Nous croyons, en ce qui nous touche, qu'elle ne porte aucune atteinte aux intérêts spirituels, et nous avons pour nous l'expérience des soixante années écoulées depuis qu'elle fut adoptée. Néanmoins, après les nombreux écrits publiés en sa faveur par des hommes éminents, depuis Portalis jusqu'à M. Dupin, nous n'entreprendrons pas de la défendre ici et nous nous bornerons à de courtes observations pour les besoins de notre sujet.

A les considérer tels qu'ils sont aujourd'hui, les articles organiques ne contiennent rien qui n'ait été dès longtemps en vigueur dans les lois françaises. A les prendre l'un après l'autre, on peut assigner à chacun d'eux une origine antérieure à 1801. Ils sont destinés à rappeler au Saint-Siége que l'État ne perd pas ses droits, même en face de l'Église; à tout membre du clergé, qu'en même temps qu'il est prêtre il est citoyen; à l'État, qu'il doit l'indépendance au clergé. Ils n'atteignent, pratiquement parlant, ni la liberté religieuse, ni la liberté individuelle; ils sauvegardent celle de l'État et en même temps celle de l'Église française. Ils sont une mesure disciplinaire dont le pieux saint Louis lui-même avait compris la nécessité. Tant que la séparation de l'Église et de l'État ne sera pas complète, que l'Église et l'État auront besoin l'un de l'autre, que chaque culte aura le droit de réclamer une égale protection et une égale indépendance, les articles organiques resteront comme l'expression la plus judicieusement vraie des droits de l'État et comme l'affirmation des droits et de l'indépendance de l'Eglise gallicane. Ils sont entrés dans nos mœurs comme une nécessité religieuse et sociale, et le catholicisme serait en péril le jour où ils seraient supprimés, parce que chacun croirait voir nos frontières accessibles aux exigences romaines. Après la France, toutes les puissances catholiques, l'Autriche elle-même, se sont inspirées des principes qu'ils consacrent, et l'Espagne s'en rapproche chaque jour davantage.

C'est une loi que Rome doit subir et qui lui a été imposée même par les gouvernements qui lui témoignaient le plus de déférence, et que le clergé lui-même désire leur voir imposer. En 1817, un concordat nouveau fut signé entre Rome et la France. Nous raconterons plus tard ses péripéties; mais, dès à présent, nous ferons remarquer que le cabinet des Tuileries n'avait obtenu cette convention nouvelle qu'en promettant au Saint-Siége que les articles organiques

de 1801 seraient abolis en même temps que le Concordat de cette année. Or, cette promesse, il ne put la
tenir. Le sentiment unanime du pays protesta contre
une telle tendance, et les articles organiques abolis
furent rétablis dans une loi que les Chambres trouvèrent trop romaine et que le pape trouva trop gallicane, ce qui rendit impossible la mise à exécution
du Concordat de 1817 et obligea à s'en tenir à celui
de 1801.

Y eût-il aujourd'hui un gouvernement décidé à
passer sous les fourches caudines de Rome, comment pourrait-il réussir là où le roi très-chrétien
lui-même échoua, alors qu'il était à l'apogée de son
influence et de sa popularité?

Le Saint-Siége, qui a depuis longtemps pris le parti
de protester contre les dommages justes ou injustes
qu'il éprouve, même lorsqu'il est obligé de les subir,
protesta contre les articles organiques. Il eut tort, car
ces articles, qui étaient une loi intérieure, qui n'affec-
taient pas la forme d'un traité et ne pouvaient en
avoir les conséquences, ne modifiaient en rien le
Concordat. Il y a dans ce Concordat une formule de
serment que tout le monde connaît et dont Pie VII
approuva la teneur, bien que ce fût la condamnation
de son autorité absolue. Il n'y a pas dans les articles
organiques une seule clause qui restreigne autant son
influence et l'exercice de ses droits.

Lorsque les articles organiques arrivèrent à Rome,
on ne demandait pas au pape de les approuver. Ils
avaient été rédigés en dehors de lui et dans la limite
du pouvoir de l'État ; il ne devait ni les louer, ni s'en

plaindre ; il protesta. Depuis, ses successeurs ont souvent protesté ; mais, de l'aveu de Consalvi lui-même, le pape doit tolérer, pour le bien de la religion, ce qu'il ne peut ni empêcher, ni accepter, et depuis plus d'un demi-siècle que la France vit sous ce régime, Rome l'a toléré, en attendant sans doute qu'elle l'approuve. Ce régime n'a pas diminué la ferveur des fidèles ; il n'a pas détruit l'influence spirituelle du pontife romain ; le clergé de France s'en accommode, ne veut pas s'y soustraire et n'a jamais essayé de le modifier. Les lois qui en sont l'expression ont été appliquées à diverses reprises, sans troubles, sans murmures, sans scandales, avec l'approbation de tous les hommes modérés. Les plaintes, de quelque côté qu'elles puissent s'élever aujourd'hui, seraient mal venues.

Le Concordat de 1801 fut donc une œuvre méritoire et, même doublé des articles organiques, un grand bienfait pour la religion. Sur la fin de ses jours, Consalvi regardait comme la plus grande gloire de sa vie d'y avoir pris part ; et il avait raison, car depuis soixante-quatre ans ce Concordat a merveilleusement réglé les rapports de l'Église avec l'État, et ceux de l'État et de l'Église avec Rome. Au surplus, rien ne le défendra mieux dans la postérité que le sentiment de Pie VII lui-même.

Le 4 juin 1803, ce pontife écrivait au premier Consul, alors tout-puissant : « C'est vous dont le zèle éclairé, la bienveillance, la protection nous ont aidé à rétablir en France la religion catholique et à lui rendre cet état de paix et de sécurité dont elle it maintenant. C'est à vous, après Dieu, que nous d vons rapporter tout ce qui a été fait, ordonné et exécuté en France pour la gloire et le bien de cette même religion. »

Le 6 octobre 1817, l'Empereur étant captif à Sainte-Hélène, Pie VII écrivait à son cher Consalvi : « La famille de l'empereur Napoléon nous a fait connaître par le cardinal Fesch que le rocher de l'île de Sainte-Hélène est mortel, et que le pauvre exilé se voit dépérir à chaque minute. Nous avons appris cette nouvelle avec une peine infinie, et vous la partagerez sans aucun doute, car nous devons nous souvenir tous les deux qu'après Dieu, c'est à lui principalement qu'est dû le rétablissement de la religion dans ce grand royaume de France. La pieuse et courageuse initiative de 1801 nous a fait oublier et pardonner depuis longtemps les torts subséquents. Savone et Fontainebleau ne sont que des erreurs de l'esprit ou des égarements de l'ambition humaine; le Concordat fut un acte chrétiennement et héroïquement sauveur. »

Que maintenant on persiste à soutenir que le Concordat fut une violence faite à la liberté religieuse, qu'il eût mieux valu livrer la religion à elle-même, ne pas salarier le clergé; qu'à l'abri de cette convention, la croyance religieuse ne peut se produire librement, en plein soleil; à ces plaintes, à ces exagérations, il nous sera facile de répondre. Aux catholiques nous répondrons avec Pie VII; aux autres, nous répondrons en leur montrant la liberté des cultes pratiquée sans entraves. Que peuvent-ils, les uns et les autres, désirer de plus? Le Concordat fut une œuvre de concorde. Il faut· qu'à son ombre ceux à qui la Révolution a pardonné pardonnent à la Révolution.

V

1801 — 1807

Depuis son retour à Rome, tandis qu'il était surtout préoccupé par les complications survenues à la
suite du Concordat, d'autres affaires sollicitaient l'attention de Consalvi. Nous n'avons à y revenir ici que
pour mémoire, puisqu'au deuxième chapitre de ce
livre se trouvent longuement exposées celles qui
eurent trait à l'administration intérieure de l'État romain, et particulièrement signalées les négociations
périlleuses engagées avec les grands gouvernements
européens auxquels Consalvi dut tenir tête. Il avait,
on le sait, à surveiller et à défendre les intérêts du
Saint-Siége, engagés ou compromis à Madrid, à
Vienne, à Berlin, à Naples, en même temps qu'il lut-

tait à Rome contre les obstacles élevés devant lui, depuis qu'il avait tenté d'introduire des réformes dans le gouvernement pontifical, — combats de tous les jours et de tous les instants, à travers lesquels son expérience politique se forma définitivement.

Mais là ne devaient pas se borner ses préoccupations. Les exigences toujours croissantes et souvent légitimes du premier Consul, en dehors même du Concordat, allaient en créer de nouvelles.

Tout d'abord, le premier Consul n'eut que des gracieusetés pour Pie VII, comme s'il eût voulu le remercier de ce Concordat, qui donnait à son nom une gloire nouvelle, et à son pouvoir une force inattendue. C'est ainsi qu'il fit délivrer les sujets romains détenus à Alger et les renvoya au pape ; qu'il lui fit don de deux bâtiments de guerre ; qu'il rappela ses troupes d'Ancône et obligea les Napolitains à évacuer Ponte-Corvo et Bénévent, deux petites villes des États romains. Il offrit même à Pie VII, dont le trésor était appauvri par la perte des légations, des secours pécuniaires qui furent refusés par dignité, mais non sans gratitude. De telles preuves de bonté touchaient le pape et lui inspiraient la plus vive affection pour le premier Consul. Il ne pouvait s'empêcher d'espérer qu'un jour ou l'autre il obtiendrait de lui l'abolition des articles organiques et la restitution des légations. Consalvi ne partageait pas ces espérances, au moins pour les articles organiques, qu'il savait être l'expression des idées de l'Empereur et la consécration des libertés gallicanes. Quant aux légations, il pensait qu'il fallait réclamer souvent, et, sous une forme ou sous une autre, il ne cessait de le faire.

Néanmoins, les relations entre les deux gouvernements étaient bonnes, habilement conduites, à Paris par le cardinal Caprara, à Rome par M. Cacault. La première difficulté qu'on put signaler, et qui ne fut qu'un nuage, naquit de la demande du premier Consul relative à une création de cardinaux. La France comptait en 1789 cinq représentants dans le sacré collége. L'un était mort; l'émigration en retenait trois, considérés comme hostiles au premier Consul, et le seul qui résidât à Rome, le cardinal Gerdil, plus savant que cardinal, se tenait à l'écart de toute question religieuse ou politique concernant la France. C'est alors que Bonaparte demanda une création de sept cardinaux au profit de son pays. Or, bien qu'il y eût plusieurs vacances dans le sacré collége, le pape était engagé envers l'Espagne, le Portugal et l'Autriche, et ne pouvait nommer en France que deux cardinaux. Le premier Consul s'en irrita. Il voulait que la France ne fût pas moins bien partagée que les autres puissances catholiques. Consalvi démontra au Saint-Père la justice de cette réclamation. Grâce à lui, les trois puissances renoncèrent provisoirement à la promotion qui leur était due, et la France eut cinq cardinaux, parmi lesquels se trouvait l'oncle du premier Consul, le cardinal Fesch, archevêque de Lyon.

Cette affaire était à peine terminée que surgit celle du concordat à conclure avec la république italienne. Elle traîna longtemps, car le pape, dont les États, depuis le traité de Tolentino, faisaient partie de la République, refusait de signer un concordat qui eût été la reconnaissance tacite du fait accompli; mais, après de longues négociations, Bonaparte, afin de régulariser un état de choses qui devenait préjudiciable à l'Église comme à lui-même, exigea ce concordat, qui fut négocié à Paris par le cardinal Caprara, désigné à cet effet par le premier Consul au choix du pape, et choisi par ce dernier, malgré Consalvi. On sait que Consalvi n'avait dans le talent et dans le courage du cardinal-légat qu'une médiocre confiance. Il se trompait. Caprara pensait qu'on devait céder sur tous les points non essentiels, afin de réserver toute la force de la résistance pour le jour où la résistance serait vraiment nécessaire. On peut affirmer que son attitude seule retarda l'éclat de 1809 et que, lorsque cet éclat eut lieu, il avait dû se plier depuis deux ans aux exigences d'une santé défaillante et abandonner les affaires qu'il avait menées sinon avec courage, du moins avec prudence.

Le Concordat italien fut donc négocié par Caprara, et on n'eut pas à s'en plaindre, puisque, de l'aveu même de Consalvi, on y avait intercalé plus d'articles avantageux à l'Église que dans celui de France. Il est vrai qu'en Italie la révolution n'avait pas causé les mêmes bouleversements que dans notre pays. Là, les églises n'avaient pas été fermées, les prêtres proscrits, le culte de la Raison substitué au culte du Christ; là n'existait pas encore cet esprit philosophique dont a France subissait l'influence. Mais ce concordat italien eut, comme le concordat français, ses articles organiques, et ce fut pour le pape un nouveau sujet de protestations et de douleurs.

C'est pendant la négociation de ce traité, dans le commencement de l'année 1803, que M. Cacault fut rappelé et remplacé par le cardinal Fesch. Pour la première fois, on regretta à Rome de voir un laïque remplacé par un cardinal.

Le caractère indépendant, élevé, résolu de M. Cacault, lui avait fait des amis, au nombre desquels Consalvi était heureux de se trouver, ne pouvant oublier que M. Cacault l'avait recommandé au premier Consul, en des termes exceptionnellement élogieux. « M. le cardinal Consalvi, infiniment laborieux, et qui a beaucoup d'esprit, est probe, désintéressé, incorruptible, pauvre et pourtant envié. » Voilà comment un diplomate français jugeait l'homme en face duquel le cardinal Fesch allait se trouver.

Dès que ce dernier fut arrivé à Rome, les embarras et les difficultés redoublèrent. On vit se succéder coup sur coup l'affaire du chevalier de Vernègues, les longues négociations pour le voyage du pape à Paris, la découverte prétendue d'une conspiration dirigée contre le premier Consul, à l'abri du trône pontifical, et enfin la demande d'annulation du mariage contracté par Joseph Bonaparte avec mademoiselle Patterson de Baltimore.

Sur ce dernier point, Napoléon, qui alors était empereur, écrivit lui-même une lettre à Pie VII. Mais le pape refusa constamment d'accéder à son désir, n'envisageant pas au même point de vue que lui les causes d'annulation que ce dernier lui soumettait. Il fallut avoir recours à l'officialité de Paris, qui rompit le mariage.

Cette affaire, d'une nature tout à fait intime, fut aussi désagréable à l'Empereur qu'à Pie VII, et commença à creuser entre eux l'abîme où la papauté devait être un moment engloutie.

Quant à la conspiration, elle n'existait en réalité que dans l'esprit du cardinal Fesch. Non, il n'y avait pas à Rome de complot ourdi contre la vie du premier Consul, et ce fut le tort du ministre de France d'y croire trop vite, sur la foi de dénonciations dont les auteurs auraient dû lui inspirer autant de défiance que de mépris. Mais il y avait quelque chose d'aussi grave peut-être : tous les éléments d'un complot.

D'abord, le gouvernement pontifical, dénué de ressources, obligé d'accabler les populations d'impôts onéreux, avait le grand tort de laisser répandre parmi elles que ces contributions étaient la conséquence de la conduite de la France, — ce qui excitait contre celle-ci le peuple de Rome. Ensuite, il donnait asile aux émigrés. Cette hospitalité ne pouvait leur être refusée, mais à la condition qu'on exercerait sur eux une surveillance rigoureuse. A Rome, libres de leurs actes et de leurs paroles, ils se réunissaient fréquemment, faisaient trop parler d'eux et tenaient à l'endroit du premier Consul des propos indignes. Reprochant sans cesse au pape les relations qu'il entretenait avec la France, et d'où étaient sortis des actes souverainement réparateurs, ils le poussaient à rompre avec elle.

Consalvi n'approuvait pas ces manifestations, mais il n'avait pour elles aucune rigueur. Parmi les mécontents, il avait des amis, car on comptait dans

leurs rangs plus d'un courtisan de la famille royale
de France, dont lui-même un moment avait été le protégé. Tout donc lui dictait l'indulgence, et bien que le
cardinal Fesch, dès son arrivée, eût écrit à son neveu : « Le cardinal Consalvi vous est dévoué, » il
croyait reconnaître un mauvais vouloir envers le
premier Consul, dans la facilité avec laquelle Consalvi
laissait les émigrés parler et agir.

C'est de cet état de choses que sortit l'affaire du
chevalier de Vernègues. Ce dernier, gentilhomme
français émigré, envoyé par les Bourbons à la cour
de Naples, se trouvait à Rome. Il n'y conspirait pas
ouvertement, mais, quoi qu'en dise M. Crétineau-
Joly, tout porte à croire qu'il n'était pas étranger aux
pourparlers d'où sortit la conspiration de Georges.
Ainsi le pensa le premier Consul. Par ses ordres, le
cardinal Fesch demanda l'arrestation et l'extradition
du chevalier au gouvernement pontifical. La réclamation étant juste, les relations entre la France et
Rome nullement altérées, Consalvi donna l'ordre
d'arrêter M. de Vernègues et de le livrer aux auto-
rités françaises. Mais ce dernier manœuvra avec
tant d'habileté, la police romaine avec tant de ma-
ladresse, qu'il échappa à toutes les recherches,
jusqu'au moment où, étant parvenu à se faire déclarer
sujet russe, — il avait été au service de la Russie, —
il reparut dans les rues de Rome, en se déclarant à
l'abri de toute poursuite, et en défiant, non sans im-
pudence, les colères du ministre français et les sbires
pontificaux. La cour de Rome, placée entre la très-
formelle réclamation de la France et la crainte de

blesser la Russie, éprouva les plus grandes perplexi-
tés et durant cinq mois demeura hésitante.

Mais, en mars 1804, au moment où la conspiration
de Georges venait d'être découverte, le premier Consul décida que, si Vernègues n'était pas livré sans retard, une division de l'armée française marcherait
sur Rome. Il fallut donc arrêter et livrer l'émigré pour
donner satisfaction à la France. Dès que la nouvelle
en vint à Saint-Pétersbourg, la cour de Russie, vivement irritée, congédia le nonce, déclarant rompues
les relations diplomatiques entre les deux cours.
Quelques mois plus tard, le pape, se trouvant à Paris
pour le sacre, obtint la liberté du chevalier et l'envoya muni de secours auprès du Czar. Mais ce bon
procédé ne ramena pas la cour de Russie.

C'est ici que se placent les longues négociations
qui eurent lieu entre la France et Rome, pour décider Pie VII à aller sacrer l'Empereur à Paris. Ces négociations ont été souvent racontées. Nous en donne-
rons ici le résumé, parce que le cardinal Consalvi y
prit une importante part.

Au mois de mai 1805, la République française avait
pris fin par l'avénement de Napoléon à l'Empire.
Presque aussitôt l'Empereur fit appeler le cardinal
Caprara, et lui dit « que les personnes les mieux in-
tentionnées en faveur de la religion catholique lui
faisaient observer qu'il serait très-utile aux intérêts
de cette même religion d'être couronné par le pape
sous le nouveau titre d'Empereur des Français ; que
tel était aussi son avis ; que les circonstances dans lesquelles se trouvait la France et son élévation récente

à la dignité impériale, après la grande crise d'où sortait le pays, rendaient impossible son voyage à Rome pour recevoir le diadème des mains du pape ; qu'en conséquence, puisque lui, l'Empereur, ne pouvait pas quitter Paris sans un trop grave préjudice, il ne restait qu'un moyen d'accomplir cette cérémonie, c'était que le pontife vînt de sa personne à Paris, comme quelques-uns de ses prédécesseurs n'avaient pas eu de difficultés à lui en fournir l'exemple ; que le pape serait satisfait de son voyage au-delà même de ses vœux, à cause des fruits que la religion en retirerait, qu'il fallait en référer au Saint-Père ; que, si sa réponse était affirmative, on l'inviterait officiellement avec toute la solennité et la pompe dignes de l'invité et de son hôte. »

Le cardinal-légat transmit aussitôt à Rome cette importante communication, où, comme on peut le penser, elle causa un vif émoi. Pie VII même s'en alarma. Cette France, où on l'invitait à se rendre et qu'il ne connaissait que par ce que les émigrés lui en avaient dit, lui apparaissait comme un gouffre prêt à engloutir toutes les grandes institutions du passé. Il ne se figurait pas alors qu'il traverserait ce grand pays, comme il le dit plus tard, au milieu d'un peuple à genoux.

Le cardinal Consalvi, avant tout homme d'Etat, eut promptement pesé le pour et le contre. Deux partis s'offraient à la cour de Rome : accepter l'invitation ou la refuser. Consalvi, qui s'était trouvé en présence de Napoléon, l'avait assez étudié pour savoir que ce dernier ne pardonnerait pas un refus. Les

prétextes qu'on pourrait prendre, les excuses basées
sur l'âge du souverain pontife et sur les inconvénients du voyage, n'auraient d'autres résultats que de
mal disposer l'Empereur pour la cour de Rome, et
d'un caractère aussi entier que le sien, on pouvait
tout redouter. En outre, ce refus pouvait blesser tout
ce clergé français qui avait pu reprendre son ministère
à la faveur du Concordat. Il semblait donc qu'il fût
sage d'accéder aux désirs du premier Consul, et Consalvi pensait que, dans les affaires où on doit finir par
céder, il vaut mieux céder tôt que tard, afin de ne
pas en rendre la conclusion stérile par une résistance
inopportune.

L'acceptation offrait des inconvénients non moins
graves. Elle allait blesser au cœur la famille des
Bourbons et tout un monde d'émigrés, de mécontents dans toutes les classes de la société européenne;
elle soulèverait les clameurs de ceux qui pensaient
que Bonaparte était illégalement et illégitimement
élu et le traitaient d'usurpateur ; enfin elle mettrait
la cour de Rome au ban des puissances ennemies de
l'Empereur.

Mais ce n'était pas tout. Le sacre et le couronnement de l'Empereur par le souverain pontife ne sanc-
tionneraient-ils pas quelques-uns des actes du gouvernement français que la cour de Rome avait formellement désavoués, et notamment les lois organiques du Concordat et les nominations à certains siéges
de divers évêques constitutionnels demeurés rebelles
au Saint-Siége, malgré l'institution canonique qui
leur avait été conférée par le cardinal-légat? Ces dif-

ficultés étaient plus graves encore que les autres, car elles relevaient de l'ordre spirituel.

Ainsi, par quelque côté que Pie VII et Consalvi examinassent la question, elle offrait des obstacles considérables. Toutefois, Consalvi ne croyait pas qu'elle fût insoluble. « Qui sait, disait-il à Pie VII, si, touché de votre empressement à lui plaire, cet Empereur omnipotent ne rendra pas au Saint-Siége son ancien éclat, par la restitution des Légations ? Qui sait si Votre Sainteté n'obtiendra pas l'abolition des articles organiques et des mesures prises à l'égard des évêques constitutionnels ? Si Votre Sainteté rapportait de son voyage de tels résultats, qui oserait la blâmer de l'avoir entrepris ? » Ces espérances n'étaient pas déplacées. Dans sa lettre, Caprara n'en jugeait pas la réalisation impossible. Selon lui, en accédant aux désirs de l'Empereur, le pape pouvait obtenir pour l'Eglise un grand bienfait. Il l'obtiendrait peut-être dans l'ordre temporel ; assurément dans l'ordre spirituel. Les espérances que Caprara donnait ainsi, le langage du cardinal Fesch semblait les confirmer.

Tout donc semblait pousser Pie VII à faire ce voyage de France. Néanmoins, il désira consulter les cardinaux, et, habilement conseillés par le secrétaire d'Etat, ils furent en majorité à se prononcer dans le sens du voyage. Mais, tout n'était pas dit. Consalvi aurait voulu que le gouvernement français prît des engagements, au moins en ce qui touchait le spirituel. « Nous consentons, écrivait-il à Caprara, mais, dans l'espace de dix-huit siècles, on ne rencontre pas un seul exemple d'un pape faisant un voyage si long, pour des motifs purement humains, sans qu'il existe au moins un motif formel de religion, annoncé publiquement et réalisé ensuite. » D'autre part, les conseillers du Saint-Père demandaient que les questions de cérémonial et d'étiquette fussent au préalable complétement réglées. Il fallut au cardinal Fesch, pour mener à bonne fin la négociation, et au cardinal Consalvi pour décider le pape, en sauvegardant ses droits, une patience et une habileté consommées. Le oui définitif ne fut pas prononcé sans qu'il y eût eu de nombreuses lettres échangées entre les deux chancelleries, et entre les deux cardinaux, plus d'une querelle regrettable, dans laquelle prit naissance cette inimitié du premier pour le second, qui eut pour résultat la chute de Consalvi deux ans plus tard. Enfin tous les obstacles furent aplanis. Le 29 septembre, le général Caffarelli, aide de camp de l'Empereur, présenté au pape par le cardinal Fesch, lui remit la lettre d'invitation, et après quelques nouveaux pourparlers dans lesquels le cardinal Fesch déclara de nouveau que le voyage aurait surtout pour objet les grands intérêts de la religion, le pape partit le 2 novembre 1804, laissant à Consalvi des pouvoirs absolus pour le gouvernement des Etats pontificaux. Napoléon aurait désiré que Consalvi accompagnât Pie VII. Mais, le pape s'y refusa, car en son absence, Consalvi seul pouvait convenablement gouverner la ville éternelle. Le pape désigna pour l'accompagner six cardinaux auxquels s'étaient joints le cardinal Fesch et une longue suite de prélats. Une fois que Pie VII fut en route, le secrétaire d'Etat eut la satisfaction de

s'entendre dire que ce départ, après une aussi longue
négociation, était son ouvrage, et rien n'était plus vrai.

Il n'entre pas dans le plan de ce récit de raconter
le voyage de Pie VII à Paris, voyage qui rappelait celui de Léon III et qui allait donner au monde ce spectacle, unique dans l'histoire, de l'Eglise tendant la
main à la révolution, incarnée dans un homme de
génie qui ne devait pas suivre toutes ses lois, mais
qui avait la gloire d'être issu d'elle. Dans ses Mémoires, Consalvi se plaint avec amertume de la manière dont Napoléon Ier reçut Pie VII. Il nous est
impossible de ne pas reconnaître qu'en cette circonstance, le cardinal, n'ayant pas été présent aux événements, les a mal jugés. L'Empereur témoigna au Saint-
Père un respect absolu et une affection profonde.
Sans doute, il lui promit plus qu'il ne lui accorda ;
mais ces promesses furent faites dans ce langage dont
l'Empereur avait le secret lorsqu'il s'agissait de se
faire des amis, et Pie VII fut complétement séduit par
lui, aussi bien que par le charme sympathique de
Joséphine. A cet égard, ce qu'il raconta à son retour
ne peut laisser aucun doute. On s'explique néanmoins
l'aigreur de Consalvi. Il avait espéré que de ce voyage
le Saint-Père rapporterait des avantages considérables
et il ne pardonna pas à l'Empereur de l'avoir laissé
revenir les mains vides.

Le voyage de Pie VII dura plus de six mois. Pendant tout ce temps, Consalvi gouverna Rome comme
s'il en eût été le souverain. Il eut à lutter contre des
difficultés considérables créées par la pénurie du trésor pontifical. Il fallut frapper le peuple de nouveaux

impôts, et la nécessité d'en venir à ces extrémités
ne fut pas un des moindres chagrins du cardinal.
Puis, la peste éclata à Livourne, et on eut à redouter
qu'elle ne pénétrât dans Rome. C'est à Consalvi qu'on
dut d'être épargné. Enfin, dans la nuit du 31 janvier
au 1ᵉʳ février 1805, le Tibre, subitement accru, déborda
avec une impétuosité qui ne laissa pas le temps de
prendre des mesures de sauvetage. Les quartiers bas
et les environs de Rome furent entièrement submer-
gés. Des malheureux, traqués dans leur maison par
les flots soulevés, s'étaient réfugiés aux étages supérieurs et faisaient entendre des cris de détresse. Aux
terreurs que leur causait le mouvement ascensionnel
de l'inondation, se joignaient les douleurs de la faim,
car ils manquaient de vivres. Le cardinal Consalvi
n'hésita pas à se dévouer pour les sauver et à donner
l'exemple de l'abnégation la plus absolue. Il se jeta
dans une barque chargée de provisions, et au ris-
que de voir la frêle embarcation entraînée par le
courant, il alla porter à ces malheureux les secours
sans lesquels leur perte était certaine. L'héroïsme
exerce sur les masses des séductions infinies. Chacun
voulut imiter le cardinal, et grâce à lui, grâce à ce
qu'il sut retirer de la charité publique, les désastres
de l'inondation furent promptement réparés. Dans
ses souvenirs, Consalvi ne dit pas un mot de son dévouement en ces graves circonstances et semble avoir
oublié qu'il y joua dix fois sa vie. A ce moment,
madame de Staël, Sismondi et Schlegel arrivèrent à
Rome, et ce fut Consalvi qui leur fit les honneurs de
la ville éternelle.

Durant cette période de six mois, Consalvi reçut fréquemment des lettres de Pie VII car, bien qu'investi des pouvoirs les plus étendus, il se croyait obligé de consulter son maître sur toutes les décisions graves. Ces lettres témoignaient de la confiance absolue du souverain dans son ministre et prouvent qu'il le considérait comme un autre lui-même. Consalvi n'eut pas à attendre le retour du pape pour connaître ce qu'il fallait espérer de ce voyage. Il était tenu au courant des notes et des paroles échangées entre le pape et l'Empereur, en ce qui touchait les intérêts de la papauté.

Au point de vue temporel, on devait renoncer à toute réclamation, car l'Empereur venait de transformer en royaume la république italienne, s'en était déclaré roi, en y englobant les trois Légations et en joignant à ses armes les clefs pontificales. Au point de vue spirituel, le pape avait eu la consolation de voir les évêques constitutionnels à ses pieds, protestant de leur dévouement, de leur sincérité, rétracter toute opinion qui ne serait pas conforme à celle de Rome. Les qualités personnelles de Pie VII n'avaient pas été moins étrangères à cet acte que les désirs de l'Empereur, formellement communiqués à divers prélats dont le pape avait eu à se plaindre. Il avait obtenu la protection particulière du gouvernement pour la Société des missions étrangères et pour celle des Filles de charité. L'église de Saint-Jean-de-Latran, qui depuis la conversion d'Henri IV recevait de la France une rente de soixante mille francs, supprimée par la République, devait être dédommagée par la munificence de l'Empereur. Enfin, divers autres avantages étaient faits à l'Église.

Quant aux lois organiques, elles furent l'objet de discussions nombreuses. L'Empereur, renseigné par l'illustre Portalis, alléguait avec raison que ces lois n'étaient que la confirmation et le développement de la déclaration de l'assemblée du clergé de France en 1682. Le pape, de son côté, citait une lettre écrite par Louis XIV, peu de temps avant sa mort, à Clément XI et qui rapportait l'édit du 22 mars, touchant cette déclaration. Mais, selon l'Empereur, cette lettre était sans valeur et ne pouvait l'engager, d'autant mieux, disait-il, qu'elle fut arrachée au roi mourant par son confesseur. Pie VII comprit bientôt qu'il fallait renoncer à toute modification sur ce point et n'insista plus. D'ailleurs, l'Empereur lui avait écrit les lignes suivantes : « Si Dieu nous accorde la durée de la vie commune des hommes, nous espérons trouver des circonstances où il nous sera permis de consolider et d'étendre le domaine du Saint-Père..... Il (l'Empereur) mettra sa gloire à être un des plus fermes soutiens du Saint-Siége et un des plus sincères défenseurs de la prospérité des nations chrétiennes. » Pie VII dut se contenter de ce langage, qui contenait d'ailleurs de brillantes promesses et pouvait entretenir de raisonnables espérances.

Parti de Paris au mois d'avril, il entra dans Rome le 16 mai, après avoir lentement traversé la France et l'Italie, témoin, durant ce long parcours, de l'enthousiasme et de la vénération de deux grands peuples. A Viterbe, il rencontra son cher Consalvi et l'embrassa avec effusion. Sous les voûtes de Saint-Pierre, il fut reçu par le vénérable cardinal d'York qui lui souhaita la bienvenue. Enfin, le 27 juin, il tint un consistoire, et, dans l'allocution qu'il y prononça, il rendit compte de son voyage avec une grande sérénité de langage, rappelant les espérances qu'il en rapportait, les améliorations qu'il y avait obtenues pour le bien de l'Église, et rendant grâce à l'Empereur, au peuple et au clergé de France qui lui avaient témoigné tant d'amour et tant de respect.

C'est à dater du retour du Saint-Père que se compliquèrent, entre son gouvernement et celui de l'Empereur, les très-graves difficultés qui devaient provoquer sa chute. Le pape, encore sous le charme de la puissance fascinatrice de Napoléon, espérait toujours. Mais son entourage plus éclairé, plus prévoyant, avait bien compris que, de ce côté, il fallait rompre avec toutes les illusions. A ce moment, Rome semblait être le rendez-vous des ennemis de l'Empire. Des Anglais, des Russes, des Suédois et des Sardes, réunis à Rome, y entretenaient contre Napoléon une rébellion perpétuelle. Le gouvernement pontifical n'osait les renvoyer, dans la crainte de s'aliéner les puissances étrangères qui critiquaient vivement Pie VII d'avoir conclu le Concordat et d'avoir consenti à ce voyage de France, qui avait été pour l'Empereur un élément nouveau de domination. Les ports du Saint-Siége restaient ouverts à toutes les nations alors en guerre avec la France, et c'était une des principales causes de l'irritation de l'Empereur de voir le gouvernement pontifical faciliter par tant d'indulgence les manœuvres de ses ennemis, alors qu'il avait tant fait pour le rétablissement de la religion en France. Un moment le pape avait paru consentir à fermer aux Anglais les ports de ses États; mais il était revenu sur cette disposition, ce qui avait accru les colères de Napoléon. Ensuite certaines questions, nées tout à coup ou d'une date antérieure, demeurées pendantes, maintenaient entre Rome et Paris les éléments de disputes préjudiciables à l'intérêt des deux pays. A peine rentré dans Rome, le pape, on le sait, avait refusé à l'Empereur l'annulation du mariage du prince Jérôme avec mademoiselle Patterson. En outre, méconnaissant les grands services que Napoléon avait rendus à l'Église d'Italie, Pie VII se plaignait, avec une amertume toujours croissante, des ordonnances rendues à la suite du Concordat italien, et qui étaient à ce Concordat ce que nos lois organiques sont à celui de France. Enfin, dans toutes les affaires négociées entre les deux cours, le gouvernement pontifical apportait ces incalculables lenteurs qui semblent l'apanage de la cour romaine, lenteurs dont Consalvi disait qu'elles servent à combiner les concessions, mais qui causaient à l'Empereur des impatiences dangereuses.

En de telles circonstances, tous les efforts devaient tendre à ne pas autrement mécontenter le souverain qui avait prononcé un jour ces paroles, qui peuvent expliquer toute sa conduite : « Les affaires religieuses ne se traitent pas autrement que les affaires politiques. » Si le représentant de la France à Rome

avait constamment adressé à son gouvernement des
dépêches pacifiques, s'il ne l'eût pas irrité outre mesure par l'inutile récit de ces intrigues sans nombre
dont, malgré Pie VII et Consalvi, Rome était en ce
moment le centre, de grandes catastrophes eussent
été évitées. Mais le cardinal Fesch ne suivait pas en
cela l'exemple de son prédécesseur, M. Cacault, qui
n'avait cessé de pratiquer une politique d'apaisement.
Un désaccord profond, dont l'origine, comme nous
l'avons dit, remontait aux négociations relatives au
voyage du pape en France, régnait entre lui et Consalvi. Cette affaire, qu'il eût été convenable de laisser
ignorer à l'Empereur, le cardinal Fesch se plut à l'en
entretenir sans cesse. Du mois d'août 1805 jusqu'au
mois de mai 1806, époque de son rappel, sa correspondance est pleine de ses griefs contre le secrétaire
d'État, et ces commérages ne contribuèrent pas peu
à entraîner l'Empereur dans les regrettables décisions dont nous aurons à raconter les tristes résultats.

Le cardinal Fesch n'agissait point ainsi par mé-
chanceté, mais bien plutôt par faiblesse de caractère.
Sa situation à Rome était des plus embarrassantes, et
pour y tenir tête, il eût fallu un autre esprit que le
sien. Ses vues étaient étroites et bornées. Il s'arrêtait
aux détails les plus infimes et méritait ce mot que
l'Empereur, accoutumé à le malmener, parce qu'il le
connaissait bien, lui écrivait en 1806 : « Vous êtes à
Rome comme une femme. » Plus tard, il racheta
largement, par un exil dignement porté, ces fautes
d'un moment ; mais, à l'heure où nous sommes de
ce récit, il apparaît bavard, irritable, emporté, mes-

quin, imprudent, bien plus préoccupé des petits intérêts que des grands, et dénué de toutes les qualités qui font les hommes d'État.

En arrivant à Rome, et après avoir vu le secrétaire d'État, il écrivait à son neveu : « Consalvi vous est dévoué : il est le seul gouvernant ici, » confirmant ainsi un précédent jugement de M. Cacault sur le cardinal. Un an plus tard, ce langage était bien changé. Tout était prétexte à des plaintes, comme si le représentant de la France eût voulu, à force de scandale, témoigner de son zèle à son neveu et mettre à l'abri sa responsabilité, si fort engagée par les événements et par sa situation.

Quant au cardinal Consalvi, il faut bien reconnaître qu'il n'apportait pas toujours un grand zèle pour donner satisfaction aux désirs de l'Empereur, dont Rome, sauf le Concordat de France, n'avait reçu, depuis le traité de Tolentino, que des déplaisirs. Nous l'avons dit, l'inutilité du voyage de France au point de vue des intérêts romains avait été fort désagréable à la cour pontificale, et Consalvi n'était guère disposé à témoigner son bon vouloir à un souverain qui n'avait ses sympathies qu'autant qu'il devait en revenir quelque chose à son gouvernement. Il était entretenu dans ces idées par tout ce monde d'émigrés qui l'environnait, et qui sans cesse, malgré la conspiration de Georges avortée, lui parlait de la possibilité du renversement de l'usurpateur. Et à ce moment, une telle éventualité n'était pas impossible. Pitt venait de renouer la coalition brisée par le traité d'Amiens. L'Autriche, la Russie, la Suède, se jetaient sur l'Italie. Le roi de Naples leur ouvrait les ports de ses États, offrant ainsi aux troupes russes embarquées à Corfou un rapide passage, et le retour des Bourbons n'était pas alors un rêve irréalisable. En face de tels événements, la politique même faisait un devoir à Consalvi de ne pas s'aliéner davantage les sympathies des souverains auxquels la victoire pouvait sourire, sympathies ébranlées déjà par le Concordat et le sacre. Tel était le secret de l'attitude de Consalvi, et personne ne contestera que ce fut celle d'un ministre habile et prévoyant qui n'avait qu'un désir, dont on lui faisait un crime : conserver la plus stricte neutralité.

Néanmoins, malgré d'innombrables difficultés d'une nature secondaire, l'union des deux ministres ne paraissait pas s'être sensiblement altérée, lorsqu'un événement inattendu vint rendre la rupture éclatante et définitive. Deux sujets du pape, marchands de pastèques, sur la place Navone, furent assassinés. On apprit bientôt que les assassins, ils étaient deux, avaient appartenu à la maison du prince Lucien Bonaparte, alors fixé à Rome, et qu'ils avaient arboré la cocarde française afin de commettre leur crime impunément. La populace en accusa les Français. Le cardinal Fesch, qui maintes fois avait demandé, sans pouvoir l'obtenir, à cause des difficultés qu'elle offrait, une application sévère des lois qui punissaient les individus portant, sans en avoir le droit, les cocardes étrangères, s'imagina que le crime avait été préparé par des émissaires du gouvernement pontifical afin d'exciter le peuple romain à la haine contre les Français. C'est dans ces sentiments, justifiés par l'impossibilité de trouver les coupables, qu'il adressa deux notes à Consalvi : l'une officielle, l'autre confidentielle, exagérées et injustes toutes les deux, car elles semblaient accuser le cardinal-secrétaire de ce qui s'était passé dans la nuit du 10 au 11 septembre. Pie VII et Consalvi furent indignés de cette manière de procéder de la part d'un personnage qui, s'il représentait la France, était d'autre part membre du Sacré-Collége, et, après avoir pris conseil du pape, le secrétaire d'État répondit à son tour par deux notes. Dans la seconde, qui répondait à la lettre confidentielle, il exprimait toute son indignation. Après avoir déclaré sur son honneur qu'on n'avait pu découvrir les coupables et que ce fait était bien possible à Rome, alors qu'à Paris Georges Cadoudal avait, durant des mois entiers, pu tromper la police la plus active de l'Europe, il ajoutait :

« Je ne puis que trouver non-seulement une accusation d'avoir manqué aux devoirs de ma charge, mais encore un soupçon de tromperie et de trahison dans le langage de Votre Éminence à mon égard, puisqu'elle déclare avec tant de franchise qu'elle n'a d'autre espoir de sûreté que dans la protection des apôtres saint Pierre et saint Paul, et dans les prières d'un saint pape.

« Je me manquerais à moi-même et à ces principes d'honneur que je ne puis sacrifier à aucun égard, si je dissimulais une offense aussi grave. Tant que les dégoûts que j'ai le malheur d'éprouver depuis longtemps de la part de Votre Eminence n'ont point compromis mon honneur, je les ai étouffés au fond de mon âme, et tout a cédé au respect que j'ai eṭ pour sa personne et pour son caractère ; mais quand l'honneur est attaqué, le silence devient alors une faute. Qu'il me soit permis de faire usage de la même phrase employée par Votre Eminence : « Je serais coupable si je voulais m'aveugler. » Il y a déjà long-temps que la conduite de Votre Eminence envers moi m'annonce la défiance la plus marquée et la totale aliénation de ses sentiments pour moi : je ne puis qu'attribuer à mon malheur ce changement envers moi.

« Je tiens trop à mon honneur, j'aime trop mon prince et mon pays pour ne pas voir que, d'après l'opi-nion que Votre Eminence a de moi, et les disposi-tions de son esprit à mon égard, je ne suis plus utile dans ma charge au bon service de mon prince et de l'Etat. Je vais, avec une franchise que me donne le té-moignage de ma confiance, expédier un courrier à Paris, m'adressant immédiatement au gouvernement français, et, s'il partage l'opinion de son représentant, je donnerai ma démission. »

Peu de jours après, Consalvi écrivait à **M.** de Tal-leyrand une longue lettre dont voici le début :

« Ce n'est pas à Son Excellence le ministre des re-lations extérieures que j'ai l'honneur d'écrire cette lettre ; c'est à M. de Talleyrand, qui m'honore, je m'en flatte, de son amitié, que je m'adresse pour un acte de confiance en sa personne. J'implore de cette même amitié la faveur de lire ma lettre malgré sa longueur qui est nécessitée par son importance. Ce n'est pas en accusateur que je prends la plume; c'est pour ma propre défense. Un sentiment encore plus noble m'y anime, celui de mon honneur. Je le croirais compromis, si je pouvais être justement inculpé dans ce que je vais développer ci-dessous. C'est enfin par le sentiment que donne à un homme loyal et honnête la conviction intime de ne pas mériter ce qu'on lui fait éprouver; c'est surtout par un véritable attachement à la France, qui ne peut être démenti par aucun fait, par aucun mot, par aucune calomnie! Aucune calomnie, d'après les preuves multipliées que j'ai données dans toutes les occasions, dans tous les lieux, par devant tout le monde, ne saurait trouver de crédit, de bonne foi, même auprès de mes ennemis. »

Plus loin il traçait ainsi, avec sa verve italienne et en un français un peu incorrect, le tableau de Rome.

« J'ennuierais Votre Excellence jusqu'à l'excès, si je voulais lui parler d'autres faits et entrer dans des détails. Je me bornerai à lui dire que Rome, avec l'Etat pontifical tout entier, est aujourd'hui ce qu'elle a été depuis l'époque du règne de Sa Sainteté. Tout y est tranquille, tout y est dans l'ordre : aucun fait, aucun inconvénient ne pourra être cité, qui prouve le contraire. J'en réponds à Votre Excellence et à son gouvernement; je garantis que, dans la situation actuelle des choses, tout restera dans l'état tel qu'il est maintenant. Je prends en témoins tous les Français, s'ils trouvent aujourd'hui à Rome et dans l'État tout entier la moindre différence du temps qui s'est écoulé jusqu'ici. »

« De faux espions sans nombre sont payés pour faire

leurs relations; toute la ville de Rome, tout l'État pontifical est en proie à leurs calomnies. Le palais apostolique est assiégé par eux ainsi qu'un château-fort. On se demande partout : « Où sont les temps heureux et pacifiques de M. Cacault, dans lesquels éclataient de toutes parts la bonne foi, la confiance réciproque, l'union la plus étroite des deux gouvernements? » Je demande si la France a pu se trouver mécontente de tout ce qui s'est passé entre elle et Rome dans ce temps-là? Je demande s'il y a ou non, à Rome, le même pape, le même ministre qu'alors? D'où peut-il venir que ceux-ci aient pu changer leurs sentiments envers la France, même après s'être attachés à elle par des liens plus étroits qui n'existaient pas alors, savoir, le Concordat et le voyage du Saint-Père, et tout ce que Rome a fait par attachement pour la France dans tout le temps qui s'est écoulé de cette époque jusqu'ici?

«... Que Votre Excellence ajoute à cela les méchants, les mécontents, les ennemis du gouvernement, mes ennemis particuliers (car chacun en a, particulièrement étant en place), les trompeurs, les trompés, enfin tous leurs semblables, et elle verra quelle foule immense entoure un homme qui a fait connaître d'agréer tout ça... Les jacobins les plus ardents, les hommes les plus perdus dans l'opinion publique l'emportent sur le gouvernement et sur son ministre, celui qui a donné à toute l'Europe l'exemple le plus frappant de l'oubli du passé, de la modération, de la douceur, de l'attachement à la France le plus sincère et le plus amical jusqu'à être cité en exemple à tous

les autres ! Quel ministre que celui qui a fait le Concordat, et qui, en le faisant, a uni tout à fait sa cause
à celle de la France ! Car il faudrait ne pas avoir le
sens commun pour ne pas comprendre cela. En disant : « Celui qui a fait le Concordat, » je pourrais
m'arrêter là, car j'ai tout dit. — Mais je veux ajouter : « Celui qui a aidé de tous ses moyens pour que
le voyage du Saint-Père en France eût lieu. » Oui,
Excellence, je suis obligé de répéter ici ce que j'ai dit
au commencement de cette lettre : Que l'on interroge
tous ceux que l'on voudra, et la vérité saura paraître.

« .... Tout cela était méconnu à Rome jusqu'ici,
parmi les ministres étrangers que nous avons, moi
usant envers eux de tout le respect qu'on doit à leur
représentance, de tous les égards, de toutes les poli-
tesses que mon caractère et mon éducation m'ont appris. Je n'ai qu'à me louer infiniment de la réciprocité
la plus parfaite de tous les autres ; mais, ni comme
premier ministre de Sa Sainteté, ni comme son collègue dans le cardinalat, ni comme un gentilhomme,
je puis dire que Son Excellence remplisse aucun des
égards que chacune de mes qualités demanderait envers moi. »

Tandis que le cardinal Consalvi énumérait ainsi ses
griefs à M. de Talleyrand, qui peu de jours avant lui
demandait un service et qui ne lui répondait pas, à son
tour, le cardinal Fesch écrivait à son neveu et se plaignait amèrement. La réponse de l'Empereur est celle
d'un homme d'État préoccupé par des intérêts plus
graves. « Mon intention est que vous viviez en bonne
intelligence avec le secrétaire d'État, et si vous avez

à vous plaindre, vous me le direz, en vivant bien avec lui. »

Appelé, dans ses Mémoires, à s'expliquer sur cette grave querelle, Consalvi raconte que l'aversion de Fesch pour lui eut pour cause une circonstance purement accidentelle et en apparence fort insignifiante.

« Fesch, dit-il, s'était lié d'une étroite amitié avec la famille d'un grand financier romain qui me haïssait à mort. Les immenses voleries que, au moins du temps de mon ministère, je ne voulus jamais tolérer ni légitimer chez le mari, et la vanité de la femme que je ne consentis point à encourager, en fréquentant la maison, m'avaient complétement aliéné cette famille. Cherchant son intérêt dans mon éloignement du ministère, elle s'efforça de mettre à profit l'intimité du cardinal Fesch pour *me faire sauter* par ses mains, comme on dit. Sans s'apercevoir du piége, il s'y trouva pris, et je dois rendre justice à ses intentions que je n'ai jamais jugées mauvaises, quoiqu'elles fussent fausses sur plusieurs points. Je ne puis douter des manœuvres que mit en jeu auprès de lui cette méchante race, car elle les renouvela ensuite auprès de son successeur (M. Alquier). Ce fut lui qui m'apprit les séductions dont il s'était vu l'objet, et celles auxquelles avait succombé son prédécesseur. Cette famille les lui avoua pour s'en faire un mérite et pour obtenir auprès de lui accès et confiance, en plaçant sous ses yeux l'exemple du cardinal Fesch. »

Au milieu de ces querelles personnelles, les affaires s'aggravaient de plus en plus. L'archiduc Charles s'était jeté sur l'Adige afin d'opérer sa jonction avec les troupes russes attendues à Naples. Pour lui couper la route, l'Empereur envoya au général Gouvion-Saint-Cyr l'ordre d'occuper Ancône que les troupes pontificales ne pouvaient mettre à l'abri d'un coup de main. C'était une nécessité de guerre, et Napoléon n'eut que le tort de n'en pas prévenir le pape. Mais déjà son irritation était grande; il se sentait peu disposé aux ménagements envers un gouvernement qui, malgré ses injonctions, tolérait la présence des représentants de nations avec lesquelles il était en guerre.

Ainsi se trouvaient justifiées ces paroles du prudent Caprara, qui depuis longtemps avait écrit : « Prenons garde d'exciter la colère de l'Empereur : s'il commence à s'irriter, rien ne le retiendra. »

Le pape protesta contre l'occupation d'Ancône et menaça même l'Empereur de rompre les rapports diplomatiques. Il protesta au nom de la neutralité qui lui était imposée et qui, jusqu'à ce jour, avait été respectée par toutes les puissances. L'Empereur ne répondit qu'après la bataille d'Austerlitz et la paix de Presbourg, par deux lettres adressées au cardinal Fesch, l'une datée de Munich, l'autre de Paris.

Dans la première on trouve cette phrase : « Dites à Consalvi que, s'il aime sa patrie, il faut qu'il quitte le ministère ou fasse ce que je demande. Or, ce que demandait l'Empereur c'était ceci : « Expulsion des Anglais, Russes, Suédois et Sardes des Etats romains et interdiction des ports aux navires de ces puissances.» Le cardinal Fesch recevait l'ordre de faire exécuter ces deux ordres et le prince Joseph de lui prêter main forte. L'Empereur avait écrit au pape cette phrase incompréhensible : « Votre Sainteté est souveraine dans Rome, mais j'en suis l'Empereur. Tous mes ennemis doivent donc être les siens. » Ainsi, c'était la souveraineté temporelle même qui était mise en jeu, et, cela au nom de principes contre lesquels Rome devait protester. Le Sacré-Collége, consulté, déclara à l'unanimité moins une voix qu'une réponse dans ce sens était nécessaire, et Consalvi fut chargé de la rédiger. C'est à ses Mémoires que nous en empruntons le résumé :

« Après avoir exprimé combien il avait été surpris à la lecture des principes, des doctrines et des insinuations contenues dans les lettres impériales, le Saint-Père disait qu'il allait user de la liberté et de la franchise apostolique qui étaient si séantes à son titre de pape et à son caractère personnel. Il ajoutait alors qu'il reconnaissait dans Napoléon l'empereur des Français, non l'empereur de Rome ; que la souveraineté du Saint-Siége était libre et indépendante ; qu'il l'avait ainsi reçue des mains de ses prédécesseurs, et qu'à n'importe quel prix, il la transmettrait sans aucune altération à ses successeurs, que ses devoirs et ses serments l'y obligeaient strictement, ainsi que le bien de la religion avec laquelle cette indépendance était intimement liée depuis que les souverainetés et les empires s'étaient tant multipliés ; que, sans elle, la jalousie et les préoccupations temporelles porteraient les princes à interdire dans leurs États le libre exercice de l'autorité spirituelle à un pape qui dépendrait d'un prince étranger dont, par l'intermédiaire pontifical, ils auraient à redouter chez eux

l'influence ; que les pontifes, au temps de Charlemagne, ne le reconnaissaient point pour leur souverain ;
que ce prince n'était même devenu empereur que par
leur permission et par leur fait ; qu'il était faux que
le domaine temporel des papes fût un don de Charlemagne ; qu'il n'avait fait qu'agrandir le territoire de
la papauté, dont cette papauté jouissait avant lui et
avant Pépin, son père : qu'en admettant que la souveraineté temporelle eût été un de ses dons et dépen-
dant de lui, les dix siècles d'un pouvoir libre et in-
contesté prescrivaient tous les titres et tranchaient la
question ; que le Saint-Siége ne voulait et ne pouvait
accepter la suprématie de Napoléon et se considérer
comme son feudataire ; que la liberté et l'indépendance du pontife, dans l'ordre actuel établi par la
Providence, étaient intimement liées au bien de la
religion ; que la neutralité et l'éloignement de toute
guerre formaient l'apanage de ses titres de ministre
de paix et du sanctuaire, de père commun et de chef
de l'Église universelle ; qu'il serait trop nuisible aux
intérêts de la religion de renoncer à ses prérogatives
et que, par là même, il ne pouvait ni ne voulait le
faire ; qu'il ne devait pas non plus entrer dans un
système permanent de guerre, qui l'exposait, — sans
parler des motifs précédents, — à s'immiscer dans
des conflits gros d'iniquités, puisqu'on le forçait à
participer aux guerres futures, dont il ne saurait pré-
voir ni la justice ni l'injustice ; qu'il ne lui était pas
possible de consentir à prendre pour ses amis ou pour
ses ennemis, les amis ou les ennemis de la France.
Le pape ajoutait que les rapports de l'Empereur avec

lui sur le spirituel ne devaient point servir de règle et de mesure aux siens vis à vis de l'Empereur dans le temporel ; qu'il renouvelait la promesse de rester neutre, et qu'en conséquence il demandait encore l'évacuation d'Ancône ; qu'il n'était pas vrai qu'il eût jamais dit ou écrit qu'il renverrait de Rome le cardinal Fesch, mais qu'il avait seulement exprimé la crainte d'être tenu, par la nécessité, de suspendre avec lui ses relations, afin de prouver ainsi aux puissances son désir efficace de conserver la neutralité. Si, par malheur, sa prière n'était pas exaucée, qu'il suppliait l'Empereur de se souvenir que le pape, durant les négociations du Concordat, lors de son voyage pour le couronnement et dans tous les autres événements de son pontificat, lui avait prodigué les preuves les plus éclatantes de son sincère attachement, jusqu'à exciter la jalousie des autres cours ; que, puisqu'il avait agi de la sorte à son égard toutes les fois qu'il avait pu le faire, si aujourd'hui le pape se retranchait derrière un refus, c'est qu'en réalité il ne pouvait pas obtempérer. Pie VII terminait en disant qu'il espérait que l'Empereur se rendrait à de si justes et de si évidentes raisons, mais que, s'il devait en être autrement, il remettrait sa cause entre les mains de Dieu, préparé qu'il était à tout souffrir plutôt que de faillir à ses devoirs, à ses serments, à la défense de la religion et à celle de ses peuples. »

Écrire une telle lettre à Napoléon, alors dans tout l'éclat de sa puissance, c'était consommer la rupture entre lui et le Saint-Siége. Caprara écrivait de Paris de tout faire pour éviter cette rupture. « Il vaut mieux disait-il, céder quelques droits temporels, pour ne pas perdre les droits ecclésiastiques... Il serait étonnant que le pape ne cherchât pas à se soumettre aux besoins du temps, qui le justifieront aux yeux du monde catholique et de l'avenir. On le blâmerait assurément de faire d'une question purement politique une affaire religieuse. » Ce langage ne fut pas écouté.

Personne à Rome ne crut qu'il fût possible de l'éviter. Le Saint-Père considérait justement son indépendance comme nécessaire à l'exercice de son pouvoir spirituel, et adhérer aux volontés de l'Empereur, c'eût été abdiquer cette indépendance. A dater de ce jour et tandis que les lettres entre le pape et l'Empereur se succédaient, la situation ne fit que s'aggraver, bien que le cardinal de Bayane et Mgr della Genga essayassent à Paris de l'améliorer.

Elle n'était plus tenable pour le cardinal Fesch, placé entre ses devoirs de cardinal et ses devoirs de ministre de France. L'Empereur le comprit et, le 18 avril, il le rappela, en désignant pour son successeur M. Alquier, précédemment ambassadeur à Naples. L'objet de la mission confiée à ce diplomate, ancien membre de la Convention, est tout entier dans cette phrase de l'Empereur à son oncle : « Si vous restez à Rome, laissez faire à Alquier tout ce qui sera odieux et restez neutre. »

Le dernier acte diplomatique du cardinal Fesch fut la notification de l'avénement de Joseph Bonaparte au trône de Naples. Rome refusa de reconnaître ce souverain ainsi que Jérôme, roi de Westphalie.

Les dernières paroles de Pie VII au cardinal Fesch prenant congé de lui furent celles-ci : « Dites à l'Empereur que, bien qu'il nous maltraite, nous lui sommes fort attaché, ainsi qu'à la nation française. Répétez-lui que... nous voulons être indépendant, parce que nous sommes souverain ; que, s'il nous fait violence, nous protesterons à la face de l'Europe et que nous ferons usage des moyens temporels et spirituels que Dieu a mis entre nos mains.»

Le même jour, M. Alquier écrivait à M. de Talleyrand dans les termes suivants, comme s'il eût appartenu à un homme dont on ne vantait guere les principes religieux de venger Consalvi des accusations du cardinal Fesch :

« Il est de fait que l'avis du secrétaire d'État est à peu près sans influence dans toutes les affaires qui ont une affinité religieuse , et que, dans ce cas, la confiance du Saint-Père appelle d'autres conseils, et notamment ceux des cardinaux Antonelli et di Pietro. J'ai trouvé le cardinal Consalvi parfaitement raisonnable et conciliant sur tous les points où il n'y a pas de prétextes à des discussions théologiques, et toutes les fois qu'il a pu se décider seul et comme homme d'Etat, et d'après ses dispositions particulières. »

Ces événements se passaient au mois de mai 1806. Au mois de juin, il fut notifié au gouvernement romain que les principautés de Bénévent et de Ponte-Corvo étaient distraites des États pontificaux et données, l'une à M. de Talleyrand, l'autre au général Bernadotte. On avait dit à l'Empereur que les Napolitains s'y installeraient, s'il n'en prenait possession.

8.

Cependant le gouvernement français accusait Consalvi de pousser le pape à la résistance :

« On disait, écrit le cardinal, que Pie VII était entièrement absorbé par moi, et en cela on faisait le plus flagrant outrage à sa capacité, à sa force d'âme, à sa sagesse, et à tout ce cortége de vertus et de qualités que la Providence fit briller en lui lorsque, seul et dans la plus étroite captivité, il développa, au milieu de ses douleurs, une inébranlable constance. On m'accusait en outre des crimes les plus infâmes. On prétendait que j'organisais la révolte dans tout l'Etat, le massacre des Français qui y demeuraient, et celui des soldats qui marchaient par petites bandes. On disait encore que je grevais le peuple d'impôts afin d'accroître la haine contre la France. Je ferai remarquer combien nous étions malheureux alors. Le pape avait été forcé de payer des sommes fabuleuses pour les troupes de passage, et pour celles qui séjournaient dans l'Etat. Il avait dû subvenir aux travaux et aux approvisionnements d'Ancône et des autres villes occupées par les Français, et on ne voulait pas, je ne dirai point qu'il levât des contributions, mais encore qu'il négociât des emprunts pour remplir certaines obligations auxquelles il ne savait trop comment faire face. Le gouvernement français m'accusait aussi d'exciter le fanatisme, en répandant des images saintes et des prières dirigées contre la France. Tout cela était très-faux et absurdement calomnieux. M. Alquier reçut même une lettre de l'Empereur qui éclatait en invectives contre moi ; et cette lettre, il lui était enjoint de me la lire. Il obéit, quoique à regret, et s'efforça d'en adoucir les termes. Je me souviens qu'entre autres particularités, cette lettre contenait ces paroles : « Dites au cardinal Consalvi que je le talonne, et que rien de ce qu'il fait ne m'échappe. »

« Mais tout ce qui m'était personnel ne me troublait guère. Ce qui blessait mon cœur, c'était de voir qu'une animosité aussi violente contre moi et la persuasion enracinée de ma prétendue influence sur le pape me rendraient toujours de plus en plus responsable des calamités dont le Saint-Siége était menacé. Je craignais que mes rares amis, mes nombreux ennemis et tous les indifférents n'attribuassent ces calamités, comme c'est la coutume, à ma présence au ministère. Ils auraient pu dire que, s'il se fût rencontré à la secrétairerie d'Etat un homme moins en vue, ou que si, à tort ou à raison, j'avais été cet homme, la chute imminente du pontificat aurait encore pu être retardée. »

Dans de telles circonstances, il était de son devoir d'apporter sa démission au pape, qui ne l'accepta qu'après de vives résistances, et sur cette observation de Consalvi lui-même, que cette satisfaction donnée sur un point à l'Empereur amoindrirait la colère qu'il allait éprouver du refus définitif de la cour de Rome sur tous les autres.

Consalvi quitta le Quirinal le 17 juin, après avoir expédié la nomination de son successeur, le cardinal Casoni, vieillard de soixante-quatorze ans, ancien légat à Avignon, qui ne pouvait être suspect au gouvernement français. Avant de se retirer, Consalvi laissait dans les cartons de la secrétairerie d'Etat un

projet de bulle qui, en cas de vacance du Saint-Siége,
permettrait, si le Sacré-Collége était dispersé, de dé-
roger aux constitutions sur l'élection des papes ; un
projet de protestation qui, si le pape était arrêté, devait être envoyé à tous les gouvernements européens, et
enfin un projet d'excommunication. Le second de ces
documents, tout à fait politique, avait été rédigé par
lui.

Le jour même où sa démission fut connue, Consalvi
reçut des lettres de tous les membres du corps diplomatique, à l'exception de M. Alquier, et l'expression
des regrets de tout ce que Rome comptait d'intelli-
gent et de réellement dévoué au Saint-Siége.

Du fond de sa retraite, Consalvi devait donner plus
d'un utile conseil, et si l'Empereur avait pensé que
l'absence du cardinal allait changer la situation, il se
trompait. Les événements qui suivirent sont trop
connus pour qu'il soit nécessaire de les raconter longuement ici.

La tempête était déchaînée, et tout ce qui suit s'ac-
complit au milieu d'un orage. Durant deux ans, on
échangea notes sur notes, et sans résultat. Caprara
reçut de Rome l'ordre de demander ses passeports. Il
ne les obtint qu'après de nombreuses sollicitations, et
lorsqu'il les eut, sa santé l'obligea à demeurer à Paris,
où il mourut deux ans après. A Rome, le cardinal
Casoni, successeur de Consalvi, était également atteint
d'une grave maladie, et avait dû résilier ses fonctions.
Les cardinaux Doria, Gabrielli et le fougueux Pacca
se succédèrent dans l'espace de quelques mois.

Le 2 février 1808, le général Miollis entra dans

Rome à la tête de l'armée française; le 21 avril le gouverneur de Rome, Mgr Cavalchini, était arrêté; le 16 juillet, le cardinal Gabrielli recevait l'ordre de quitter la ville en même temps que d'autres cardinaux, et, le 18, le cardinal Pacca le remplaçait. Deux mois plus tard, ce dernier reçut à son tour l'ordre de se rendre à Bénévent, sa patrie, et comme il refusait d'obéir, un piquet de soldats se présente chez lui. Le pape survient au même moment, entre dans une colère extrême et se tournant vers l'officier: « Je n'ignore point le but de ces violences, s'écria-t-il. On voudrait, en me séparant ainsi de mes conseillers, me mettre hors d'état d'exercer mon ministère apostolique et de défendre les droits de ma souveraineté temporelle. J'ordonne à mon ministre de ne point obéir... » Puis, prenant le cardinal par la main, il le ramena dans ses appartements.

A dater de ce jour, le pape ne sortit plus du Quirinal. Le 20 juin 1809, un décret impérial, affiché dans Rome, annonça l'abolition de la puissance temporelle. Depuis huit jours, la bulle d'excommunication, préparée à l'avance contre les ennemis du Saint-Siége, était affichée. Enfin, dans la nuit du 5 au 6 juillet, sur les ordres du général Miollis, Radet, général de gendarmerie, força les portes du Quirinal et arrêta le pape et le cardinal Pacca, qu'il trouva l'un et l'autre sans faiblesse. — « Cardinal, dit le pontife à son ministre, nous avons bien fait de publier la bulle d'excommunication le 10 juin. Comment ferions-nous aujourd'hui? »

Lorsque le soleil se leva sur Rome, le pape était

déjà loin. Quelques jours plus tard, il arrivait à Grenoble, d'où il fut envoyé à Savone, tandis que Pacca était enfermé dans la forteresse de Fenestrelle.

Ici se place un détail touchant. Durant le trajet, Pie VII était revêtu de ses habits pontificaux, et comme l'officier qui l'accompagnait, redoutant les soulèvements des populations, l'engageait à se vêtir autrement : « Vous pouvez me faire fusiller sur l'heure. Je ne tiens pas à la vie, mais vous ne me ferez point quitter mes habits. Je n'en ai pas d'autres. On m'a enlevé de Rome sans me donner le temps de prendre un sol ni un peu de tabac. On me fait voyager comme un postillon, sans égard pour mon âge. Je ne peux croire que ce soient les intentions de l'empereur Napoléon. »

Pie VII avait bien jugé Napoléon. Non, ces ordres n'émanaient pas de lui, disons-le pour l'honneur de sa mémoire. Il n'avait pas même donné celui de l'arrestation, et il le désapprouva. Les généraux Miollis, Lemarrois et Radet prirent sur eux cette résolution extrême, voulant par l'exemple d'une telle rigueur effrayer le peuple romain dont l'agitation semblait présager une révolte et des représailles terribles contre les Français.

Il convient de citer la lettre de l'Empereur datée de Schœnbrunn et adressée au ministre de la police, le 18 juillet 1809 : « Je reçois en même temps les deux lettres ci-jointes du général Miollis, et une troisième de la grande-duchesse. Je suis fâché qu'on ait arrêté le pape : c'est une grande folie. Il fallait arrêter le cardinal Pacca et laisser le pape tranquille à Rome; mais enfin il n'y a point de remède : ce qui est fait est fait. Je ne sais ce qu'aura fait le prince Borghèse ; mais mon intention est que le pape n'entre pas en France. S'il est encore dans la rivière de Gênes, le meilleur endroit où l'on pourrait le placer serait Savone. Il y a là une grande maison où il serait assez convenablement, jusqu'à ce qu'on sache ce que cela doit devenir. »

Ainsi, Napoléon n'avait pas donné l'ordre d'arrêter Pie VII, et constater ses regrets c'est l'absoudre et décharger sa mémoire d'un reproche immérité. Il était surtout coupable d'ouvrir facilement l'oreille à ceux qui lui avaient caché la vérité. Mais cette faute, il devait l'expier cruellement : car c'est pour n'avoir pas toujours connu la vérité qu'il succomba.

VI

CONSALVI EN FRANCE.

1809 — 1813

Tandis que Pie VII arrivait à Savone, Napoléon Ier ouvrait la session de 1809 et prononçait ces paroles qui soulevaient brutalement la question de la puissance temporelle. « L'histoire, disait l'Empereur, m'a indiqué la conduite que je devais tenir envers Rome. Il m'a été démontré que l'influence spirituelle, exercée dans mes États d'Italie par un souverain étranger, était contraire à l'indépendance de la France, à la dignité et à la sûreté de mon trône. »

« Le bien de mes peuples n'admet pas de morcellement, » répétait-il ensuite à une députation civile venue de Rome pour le féliciter. De l'arrestation du pape, il n'était pas dit un mot, et ce langage faisait seulement allusion au décret du 17 mai, qui avait aboli la puissance temporelle et réuni les Etats romains à la France. Mais, déjà, le récit de l'entrée triomphale de Pie VII à Grenoble et des péripéties de son départ pour Savone avait circulé et porté l'émotion dans tous les cœurs catholiques. En vain, l'Empereur se flattait de faire croire au pays qu'il avait obéi au grand système politique qui régénérait l'Occident, mais sans toucher aux principes spirituels; que c'était un bienfait d'avoir séparé la religion de ce qui lui était étranger, de l'avoir replacée dans son état de pureté évangélique, c'étaient là des mots qui n'apaisaient pas la France catholique blessée au cœur par l'arrestation du souverain pontife

Consalvi n'avait pas quitté Rome. Cinq ou six cardinaux seulement y restaient encore avec lui. Depuis plusieurs semaines, les autres en étaient partis, afin de se rendre en France où la volonté de l'Empereur les avait appelés. Durant cinq mois, le cardinal vécut dans une retraite dont rien ne put le faire sortir. Les fonctions qu'il avait acceptées en quittant la secrétairerie d'Etat et conservées jusque-là, il cessa de les remplir, afin de n'être pas exposé à traiter avec l'autorité française, ce qui eût été, selon lui, la reconnaître tacitement. Il rompit toutes les relations qu'il avait parmi les Français, relations créées soit pendant son séjour à Paris, soit durant son ministère et en raison des services qu'il avait pu rendre. C'est ainsi qu'il cessa de voir le général Miollis qui commandait à Rome et pour lequel il professait une estime telle que, dans ses Mémoires, il s'exprime en ces termes : « Au premier rang des qualités de ce soldat, brillaient le désintéressement, la modestie, l'énergie, la modération, l'absence la plus complète de toute vanité et de tout orgueil et une justice incorruptible. » Quel hommage dans la bouche d'un homme qui connaissait si bien ses semblables !

Un peu plus tard, le roi de Naples, Murat, avec lequel Consalvi avait contracté la plus étroite amitié, ayant traversé Rome, le cardinal crut de son devoir de ne pas se présenter chez lui, malgré l'intimité qui régnait entre eux. Cette réserve vis à vis des créatures de Napoléon Ier était l'unique moyen de protestation laissé à sa volonté, et c'est ainsi qu'il protestait.

Cette vie pleine de tristesse, pendant laquelle il n'arriva à Rome d'autre nouvelle du pape que celle de son internement à Savone, dura jusqu'en novembre.

Le 21 de ce mois, le cardinal reçut de M. Bigot de Préameneu, ministre des cultes en France, l'ordre de se rendre immédiatement à Paris, où il devait toucher les trente mille francs de pension alloués aux cardinaux français, Rome étant proclamée ville française. Tous les membres du Sacré-Collège avaient reçu une invitation semblable et le plus grand nombre étaient partis, en acceptant. Consalvi refusa de partir sans en avoir reçu l'ordre du Saint-Père, et déclara que, ne se considérant pas comme cardinal français, il ne pouvait accepter le traitement qui lui était offert. Le cardinal di Pietro, son ami, fit au ministre des cultes une réponse identique. Mais, quelques jours plus tard, avant même qu'elle eût eu le temps d'arriver à Paris, Consalvi, qui avait fermé l'oreille aux respectueuses

insistances du général Miollis, dut céder à la force. Le
10 décembre 1809, il quittait Rome pour la seconde
fois, le cardinal di Pietro voyageant avec lui. Le trajet ne dura pas moins de cinq semaines, et les deux
cardinaux entrèrent à Paris le surlendemain du jour
où avait été signé le contrat de mariage de l'Empereur avec l'archiduchesse Marie-Louise d'Autriche.

En quittant Rome, Consalvi avait pris la résolution
de vivre à Paris, comme il avait vécu dans la ville
éternelle après le départ du pape, c'est-à-dire dans
la retraite la plus absolue, et de fait, pour un prince de
l'Église, pour un sujet romain, pour un ancien ministre de Pie VII, il n'y avait de dignité que dans une
conduite semblable, alors que celui-ci était retenu
prisonnier loin de son trône et de sa patrie. Tous les
cardinaux n'avaient pas pensé de même. Les uns, en
arrivant, avaient touché la pension qui leur était al-
louée ; puis, acceptant les invitations qui leur venaient
de toutes parts, ils s'étaient montrés dans les salons
officiels, — conduite dans laquelle les uns voyaient
un moyen d'attendrir l'Empereur sur le sort du Saint-
Père, et qui chez les autres n'était qu'une preuve de
faiblesse ou de servilité. Le nombre était restreint de
ceux qui, dans ces temps où tout tremblait sous la volonté qui dominait l'Europe, avaient déployé le courage et l'indépendance dignes du caractère dont ils
étaient revêtus.

Parmi ceux qui donnèrent l'exemple, Consalvi fut
le plus brave et le plus audacieux. Bien qu'un premier séjour à Paris, en qualité de négociateur du Con-
corda, lui eût créé les relations les plus élevées dans

le monde officiel, il ne voulut sortir pour personne de la réserve qui s'imposait à lui comme le plus simple devoir. Il eut à refuser de vive voix, comme il l'avait fait par écrit, la pension de trente mille francs, et il le fit sans fausse honte, comme sans orgueil, au point de plonger dans un étonnement profond M. Bigot de Préameneu, qui n'avait pas eu avec les autres cardinaux de semblables scrupules à vaincre, puisque trois d'entre eux seulement avaient partagé la résolution de Consalvi.

Peu de jours après son arrivée à Paris, le cardinal dut se rendre à l'audience impériale, et il a dit lui-même quelles émotions se pressaient dans son âme, à la pensée de se retrouver en face de celui dont il avait essuyé les colères, à travers les péripéties si graves de la négociation du Concordat; qui retenait en ce moment son maître prisonnier et auquel cependant il faudrait sinon sourire, du moins montrer bon visage.

On nous pardonnera facilement de laisser le cardinal raconter lui-même cette entrevue. C'est une page d'histoire qui a tout le piquant d'une chronique inédite.

« Nous étions cinq cardinaux que le cardinal Fesch présentait ce jour-là à l'Empereur, tous cinq arrivés seulement durant cette semaine, savoir : le cardinal di Pietro, venu avec moi, et les cardinaux Pignatelli, Saluzzo et Despuig. Le cardinal Fesch nous avait placés à part d'un côté, en demi-cercle; tous les autres cardinaux étant de l'autre. Suivaient les grands de la cour, les ministres, les rois, les princes, les princesses, les reines, et autres dignitaires. Voici que l'Empereur arrive. Le cardinal Fesch se détache et commence par lui présenter le premier, qui est le cardinal Pignatelli. Nous étions, nous cinq, rangés par ordre de prééminence de cardinalat. A Fesch disant : « C'est le cardinal Pignatelli, » l'Empereur répond : « Napolitain, » et il passe outre sans rien ajouter. Le cardinal Fesch présente le second en disant : « Le cardinal di Pietro. » L'Empereur s'arrête un peu et lui dit : « Vous êtes engraissé. Je me rappelle vous avoir vu ici avec le pape à l'occasion de mon couronnement. » Et il passa. Le cardinal Fesch dit en présentant le troisième : « Le cardinal Saluzzo. » «Napolitain, » répond l'Empereur, et il s'avance. Le cardinal Fesch présente le quatrième et dit : « Le cardinal Despuig. » « Espagnol, » répond l'Empereur. Et le cardinal, plein de frayeur, de répliquer : « De Majorque, » comme s'il reniait sa patrie. Je ne puis à ce trait retenir ma plume.

« L'Empereur passe outre, arrive jusqu'à moi, il s'écrie, avant que le cardinal Fesch m'eût nommé : « O cardinal Consalvi, que vous avez maigri ! je ne vous aurais presque pas reconnu. » Et en parlant ainsi avec un grand air de bonté, il s'arrêta pour attendre ma réponse. Je lui dis alors, comme pour expliquer mon amaigrissement : « Sire, les années s'accumulent. En voici dix écoulées depuis que j'ai eu l'honneur de saluer Votre Majesté. — C'est vrai, répliqua-t-il, voilà bientôt dix ans que vous êtes venu pour le Concordat. Nous l'avons fait dans cette même salle ; mais à quoi a-t-il servi ? Tout s'en est allé en fumée. Rome a voulu tout perdre. Il faut bien l'a-

vouer, j'ai eu tort de vous renverser du ministère.
Si vous aviez continué à occuper ce poste, les choses
n'auraient pas été poussées aussi loin. »

« Cette dernière phrase me fit tant de peine, que
je n'y voyais presque plus. Quelque désir que j'eusse
d'être bien reçu de Napoléon, je n'aurais jamais osé
croire qu'il en arrivât là. S'il pouvait m'être agréable
de l'entendre attester en public qu'il avait été la
cause de mon éloignement de la secrétairerie, je fus
saisi de l'entendre affirmer que, si j'étais resté dans
ce poste, les choses ne seraient pas allées aussi loin.
Je craignis, si je laissais passer cette assertion sous
silence, que cela ne donnât lieu au public de conclure
qu'il en était vraiment ainsi, et que j'aurais trahi mes
devoirs, comme cela en paraissait la conséquence naturelle.

« Sous l'impression de cette crainte, je ne consul-
tai que mon honneur et la vérité. Au lieu donc de me
montrer touché et reconnaissant de sa bonté et de cet
aveu si extraordinaire et tellement significatif sur les
lèvres d'un pareil homme, aveu fait en s'accusant
d'avoir eu le tort de m'écarter du ministère, je me vis
dans la dure nécessité de riposter à une assertion des
plus obligeantes de sa part par une phrase des plus
fortes et des plus énergiques. Je lui dis donc : « Sire,
si je fusse resté dans ce poste, j'y aurais fait mon
devoir. »

« Il me regarda fixement, ne fit aucune réponse,
et, se détachant de moi, il commença un long mo-
nologue, allant de droite et de gauche, dans le demi-
cercle que nous formions, énumérant une infinité de

griefs sur la conduite du pape et de Rome pour n'a-
voir pas adhéré à ses volontés et s'être refusé d'entrer
dans son système, griefs qui ne sont pas à rapporter
ici.

« Après avoir ainsi parlé pendant un temps assez
long, et se trouvant près de moi, dans ses allées et
venues, il s'arrêta, puis répéta une seconde fois :
« Non, si vous étiez resté dans votre poste, les choses
ne seraient pas allées aussi loin. »

« Quoiqu'il fût bien suffisant de l'avoir contredit
une fois, néanmoins, toujours animé des mêmes motifs, j'osai le faire de nouveau et lui répondre : « Que
Votre Majesté croie bien que j'aurais fait mon devoir. »

« Il se mit à me regarder plus fixement sans rien
répliquer, il se détacha de moi, recommença à aller
et à venir, continuant son discours, formulant les
mêmes plaintes sur les actes de Rome à son égard,
sur ce que Rome n'avait plus de ces grands hommes
qui l'avaient autrefois illustrée. Puis, s'adressant au
cardinal di Pietro, le premier au commencement du
demi-cercle, comme moi j'étais à l'autre extrémité,
il répéta pour la troisième fois : « Si le cardinal Consalvi fût resté secrétaire d'État, les choses ne seraient
pas allées aussi loin. »

« Lorsque Napoléon articula ces paroles pour la
troisième fois, je ne dirai pas mon courage, mais
mon peu de prudence dans cette occasion et comme
un zèle excessif de mon honneur, me firent passer les
bornes. Je l'avais déjà contrarié deux fois ; il ne me
parlait pas alors comme précédemment ; il était assez

éloigné. Néanmoins, à cette répétition, je sortis de ma place; puis, m'avançant jusque auprès de lui, à l'autre extrémité, et le saisissant par le bras, je m'écriai : « Sire, j'ai déjà affirmé à Votre Majesté que, si j'étais resté dans ce poste, j'aurais assurément fait mon devoir. »

« A cette troisième profession de foi, si j'ose ainsi parler, il ne se contint plus; mais, me regardant fixement, il éclata en ces paroles : « Oh! je le répète, votre devoir ne vous aurait pas permis de sacrifier le spirituel au temporel. » Dans son idée, il cherchait à se persuader que j'aurais adhéré à ses volontés plutôt que d'exposer les intérêts de la religion aux dangers de le voir rompre avec Rome. Cela dit, il me tourna les épaules, ce qui me fit revenir à mon rang. Alors, il demanda, en peu de mots, aux cardinaux qui étaient de l'autre côté, s'ils avaient entendu son discours. Il revint ensuite à nous cinq et, se tenant proche du cardinal di Pietro, il dit que, le collége des cardinaux étant à peu près complet à Paris, nous devions nous mettre à examiner s'il y avait quelque chose à proposer et à régler pour la marche des affaires de l'Église. Il ajouta que nous pouvions nous réunir en conséquence, ou tous à la fois, ou quelques-uns des principaux d'entre nous. Il expliqua ce qu'il entendait par les principaux : c'étaient les plus versés dans les questions théologiques, comme il ressortait de l'antithèse qu'il fit en disant au cardinal di Pietro, à qui s'adressaient ces paroles : « Faites que dans ce nombre se trouve le cardinal Consalvi, qui, s'il ignore la théologie, comme je le suppose, connaît bien, sait bien la science de la politique. » Il termina en demandant qu'on lui remît les résolutions par l'intermédiaire du cardinal Fesch, et il se retira. »

Cependant, Rome, on s'en souvient, avait excommunié Napoléon Ier, et ce fut encore là, pour Consalvi, toujours scrupuleux sur l'accomplissement de son devoir, le motif de plus d'un trouble. Dans toutes les circonstances, il sut allier ce que sa dignité lui imposait à ce que sa conscience lui ordonnait. Ce fut ainsi qu'il déclara à ses collègues qu'en ce qui le touchait, il ne croyait pas pouvoir se rendre au désir exprimé par l'Empereur de tenir de la main des cardinaux un plan de conduite pour régulariser la marche troublée des affaires de l'Eglise. Grâce à la finesse de son esprit, il ne lui avait pas été difficile de deviner que l'Empereur, en réunissant les cardinaux sous sa main, en les engageant à émettre une opinion sur l'état actuel de l'Eglise, espérait exercer son influence sur eux et obtenir un avis qu'il pourrait opposer au silence que le pape prisonnier s'obstinait à ne pas rompre. C'est contre cet écueil que le cardinal mit en garde ses collègues, et le Sacré-Collége, réuni à Paris, déclara que, séparé de son chef, il ne pouvait ni délibérer ni prendre un parti.

Le langage tenu par Consalvi dans ces graves conseils fut rapporté à l'Empereur par le cardinal Fesch, qu'on ne saurait blâmer en cette circonstance, puisque l'Empereur était son neveu, mais qu'on voudrait pour l'honneur de son nom voir loin de Paris à l'époque où tant d'événements s'y succédaient. Le cardinal Fesch, on s'en souvient, avait eu pendant son ambassade à Rome, de graves démêlés avec le secrétaire d'Etat, qui s'étaient terminés par la démission de ce dernier. Il ne voulut pas se faire, vis à vis de son impérial neveu, le défenseur de ceux dont il portait l'habit, et sa parole alla mettre le comble à l'irritation de l'Empereur contre le Sacré-Collége en général et contre Consalvi en particulier.

Un autre fait vint remplir bientôt la mesure. Le cardinal Consalvi faisait partie des treize cardinaux qui, désapprouvant le second mariage de Napoléon et le regardant comme entaché de nullité, le premier n'ayant pas été invalidé par le pape, refusèrent, après avoir été présentés à la nouvelle impératrice, en même temps que les grands corps de l'Etat, d'assister à la cérémonie civile et à la cérémonie religieuse. Ce fut un tort, car c'était briser les vitres après avoir consenti à donner certaines preuves de déférence.

Dès le jour de l'arrestation du pape, il fallait se mettre en guerre ouverte, et alors l'acte que nous racontons eût eu sa raison d'être. Après les visites que le cardinal, malgré sa réserve, avait cru devoir faire à l'Empereur, après avoir assisté à la présentation, l'abstention calculée au mariage religieux était une faute. Au fond, de quoi s'agissait-il? Napoléon, voulant se marier avec Marie-Louise, s'était adressé à l'archevêque de Paris pour rompre le lien spirituel qui l'unissait à Joséphine et qui dans la nuit qui précéda le sacre, six années auparavant, avait été béni par le cardinal Fesch, sur les sollicitations de Pie VII lui-même. En l'état ordinaire, le métropolitain de Paris n'aurait pas eu les pouvoirs suffisants pour rompre ; mais, dans l'espèce, il alléguait que, le mariage n'ayant pas été béni par le curé de la paroisse sur laquelle habitaient les parties contractantes, il pouvait, aux termes des dispositions particulières du concile de Trente, être rompu par l'officialité de Paris, et l'officialité en avait en effet prononcé la dissolution. Le pape, non consulté, n'avait pas donné son avis. Le clergé français, la plus grande partie du Sacré-Collége partageaient l'opinion de l'archevêque de Paris. Tout cela avait eu lieu lorsque Consalvi arriva, et ce n'est qu'à la veille du mariage, lorsqu'il eut examiné la conduite à tenir, qu'il pensa, et douze cardinaux pensèrent avec lui, que le droit de nullité appartenait au pape, parce qu'il s'agissait d'un mariage de souverain, que le premier mariage n'était donc pas annulé, et que le second ne serait pas valable. Aussi, ne voulurent-ils pas consacrer de leur présence la cérémonie.

Au mariage civil leur absence fut à peine remarquée, mais il ne pouvait en être de même au mariage religieux, où leur place resta vide. Cette manifestation, quelque courageuse qu'elle fût, n'ajoutait rien au mérite de ceux qui s'y livrèrent, et elle aggrava la situation des affaires ecclésiastiques par le ressentiment qu'en éprouva l'Empereur.

En effet, lorsque, donnant la main à la jeune archiduchesse d'Autriche, Napoléon, resplendissant de sa gloire et de sa puissance, entra dans la grande galerie du Louvre, transformée en chapelle, et que, portant les regards vers le banc des cardinaux, et ayant compté ceux qui étaient présents, il put constater que

treize manquaient, les flammes de la colère donnèrent à ses yeux un effrayant éclat. « Les sots, » dit-il
à M. de Pradt qui se trouvait non loin de lui. Comme
il le répéta plus tard, il vit dans cette abstention le
dessein depuis longtemps préparé de faire élever des
doutes, dans l'avenir, sur la validité de son mariage,
et par conséquent sur la légitimité de la descendance
qui pouvait en sortir. Plusieurs fois, durant la cérémonie, on put s'apercevoir de son irritation, et on
raconte qu'il prononça ces paroles : « Toujours les
mêmes, ostensiblement soumis, secrètement fac-
tieux ! » Le mot n'était pas juste, car si jamais acte
de rébellion avait été publiquement accompli, c'était
bien celui-là.

Le lendemain au soir, il y avait réception à la
cour. Les treize cardinaux s'y rendirent comme ils
s'étaient rendus à la présentation, ne voyant là, dit
Consalvi, qu'un acte de déférence et de respect, à
l'abri des difficultés qui naîtraient du mariage. Leur
entrée demeura inaperçue au milieu de ce grand
tumulte. Ecoutons encore le cardinal :

« Tout le monde était pêle-mêle, attendant l'heure
de l'entrée. Enfin la porte s'ouvrit, et le défilé commença. Les sénateurs eurent la préséance sur les
cardinaux, et ils furent introduits les premiers. Le
cardinal Fesch, étant sénateur, — je ne puis cacher
dans cet écrit ce qui est indispensable pour qu'il soit
véridique, — fit la faute de marcher avec les sénateurs plutôt qu'avec les cardinaux. Il préféra donc
ainsi ce corps laïque à celui auquel, par sa dignité,
son ancienneté et ses serments, il appartenait d'une

manière plus étroite. L'exemple de nos collègues qui,
quoique sénateurs, ne voulurent pas se joindre à ce
corps, mais à celui auquel ils appartenaient depuis
longtemps, ne produisit sur lui aucune impression.
Après le Sénat, le conseil d'Etat passa encore avant
les cardinaux. Le Corps législatif eut même le pas sur
nous. Tandis que ces nombreux personnages défilaient
successivement et que les cardinaux, confondus dans
la foule et sans le moindre égard pour leur dignité,
dévoraient ces humiliations, en attendant que le hé-
raut d'armes ou le maître des cérémonies, qui était à
la porte, les appelât enfin, on vit tout d'un coup
s'élancer de la salle du trône un officier chargé d'un
ordre de l'Empereur. Sa Majesté l'avait appelé près
du trône sur lequel elle était assise, et lui avait
enjoint de pénétrer dans l'antichambre et d'en chasser
tous les cardinaux qui n'avaient pas assisté au mariage, parce qu'Elle ne daignerait pas les recevoir.
L'officier allait sortir de la salle du trône quand l'Empereur le rappela; puis, changeant subitement son
ordre, il lui intima de faire expulser seulement les
cardinaux Opizzoni et Consalvi. Mais l'officier, ne saisissant pas bien cette seconde instruction, crut que
l'Empereur, après avoir chassé ces cardinaux, voulait
que l'on nommât spécialement les deux cardinaux
désignés. Il agit donc ainsi. Il est plus facile d'imaginer que de peindre cette expulsion de treize cardinaux
en grande pourpre, expulsion opérée dans un lieu si
public, à la face de tous et avec tant d'ignominie.
Tous les yeux se tournèrent sur les cardinaux que
l'on mettait à la porte; ils traversèrent ainsi la dre-

nière antichambre, les autres qui précédaient et qui etaient remplies de monde, les salles et le grand vestibule. Leurs voitures avaient disparu au milieu de la confusion; ils retournèrent à leurs logis, pleins des pensées qu'un semblable événement devait provoquer dans leurs âmes. »

L'Empereur reçut à leur tour les cardinaux qui n'avaient pas été compris dans l'expulsion, et du haut de son trône il leur parla avec une très-vive animation, déclarant qu'il ne pardonnerait jamais aux cardinaux Opizzoni et Consalvi, « que le second était le plus coupable du Sacré-Collége, n'ayant pas agi par préjugés théologiques qu'il n'avait point, mais par haine, inimitié et vengeance contre lui Napoléon qui l'avait fait tomber du ministère; que ce cardinal était un profond diplomate, -- l'Empereur le disait du moins, — et qu'il avait cherché à lui tendre un piége politique, le mieux calculé de tous, en préparant à ses héritiers la plus sérieuse des oppositions pour la succession au trône, celle de l'illégitimité. »

Le même soir, quelques personnes consternées vinrent apprendre à Consalvi la colère de l'Empereur. Mais, il était homme à résister, comme il le prouva bien le lendemain chez le ministre des cultes, M. Bigot de Préameneu, qui avait fait appeler les treize cardinaux afin de leur signifier la volonté de l'Empereur.

Le ministre des cultes, Fouché présent, leur dit, non sans vivacité, que leur conduite présentait le caractère de la rébellion, qu'elle était le résultat d'une coalition formée depuis six semaines, qu'ils avaient voulu dans l'avenir élever des doutes sur la légitimité d'un mariage regardé dans toute l'Europe comme un gage de bonheur et de paix. « Depuis dix ans, ajouta-t-il, vous professez ces sentiments. C'est vous qui ave poussé le pape à fulminer la bulle d'excommunication et l'Empereur à arrêter le pape. » Ces reproches étaient injurieux pour le caractère des cardinaux, et notamment pour Consalvi, lui, le ministre dévoué d'un pape qui toute sa vie avait aimé l'Empereur, et qui, même durant sa captivité de Savone, s'écriait, en parlant de son persécuteur : « Nous désirons plus que personne que l'empereur Napoléon soit heureux ; c'est un prince qui réunit tant d'éminentes qualités. Veuille le ciel qu'il reconnaisse ses vrais intérêts ; il a dans ses mains, s'il se rapproche de l'Eglise, les moyens de faire tant de bien à la religion, d'attirer à soi et à sa race la bénédiction des peuples et de la postérité, et de laisser un nom glorieux sous tous les aspects. »

M. Bigot de Préameneu, rendant compte à l'Empereur de cette audience, lui disait, en parlant des cardinaux : « Ils sont restés dans l'état de confusion et de terreur. » Le ministre sans doute exagérait, car trois d'entre eux n'étaient ni aussi confus ni aussi effrayés, comme leur réponse le prouve.

Le cardinal Consalvi prit la parole le premier, et, dans un langage calme mais énergique, se justifia, lui et ses collègues. Le cardinal Litta compléta cette justification. « Si l'accusation portée contre nous était juste, dit aussi le cardinal Delle Sommaglia, nous mériterions la mort. Mais elle ne l'est pas. »

« Nous n'avons voulu ni conspirer, ni troubler l'État, reprit Consalvi. Le seul motif qui a dicté notre conduite, c'est que le pape n'est pas intervenu dans le mariage. Nous avions fait connaître à l'avance notre décision au cardinal Fesch et à l'abbé Emery.»

L'entretien dura longtemps encore, les cardinaux ayant surtout à cœur de prouver combien blessante était pour eux l'accusation de complot. Séance tenante, il fut décidé qu'ils écriraient à l'Empereur, non pour demander leur grâce, mais pour protester. Puis, il leur fut dit que leurs biens étaient confisqués, qu'il leur était défendu de porter les insignes cardinalices, et que chacun d'eux connaîtrait sous peu sa future résidence. En outre, ceux qui étaient pourvus en Italie de siéges épiscopaux avaient dû donner leur démission.

La lettre à l'Empereur ne fut pas remise ou demeura sans effet aussi bien que les supplications du cardinal Fesch. Peu de temps après, Consalvi et le cardinal Brancadoro étaient dirigés sur Reims. Ils y demeurèrent internés, du mois de juin 1810 au même mois 1813, sous la plus étroite surveillance. « Qu'ils soient traités sans rigueur, avait écrit le ministre des cultes au préfet de la Marne, mais aussi sans éclat. » Dans cet exil, l'attitude du cardinal fut à la fois discrète et réservée.

Il parlait peu, voyant peu de monde, refusant la plupart des invitations qui arrivaient de tous les côtés, se contentant de la société du cardinal Brancadoro qui partageait ses goûts et ses sentiments. Le gouvernement avait fait mettre à la disposition des cardinaux exilés une pension mensuelle de deux cent cinquante francs. Presque tous la refusèrent. Quant à Consalvi, on savait si bien quelle serait sa réponse, qu'on ne la lui offrit même pas. Quelques catholiques cependant s'étaient émus de la détresse dont les cardinaux étaient menacés. Dans les églises, dans les réunions religieuses, dans certains salons, on faisait des quêtes pour les princes de l'Église exilés. Consalvi, dont la modeste fortune était à Rome entre des mains habiles et fidèles, eut le bonheur de n'avoir point à puiser à cette source qu'alimentait la charité.

Du fond de cette retraite, grâce à des amis sûrs, il se préoccupait du sort de son cher pape. Il entretenait avec Londres et avec Vienne une correspondance qui échappa toujours à ses geôliers, et il avait poussé les deux gouvernements à favoriser l'évasion du pape. Si le projet avait réussi, on aurait conduit Pie VII en Sicile ou à Malte, et là du moins, le pape pouvait mourir sans laisser l'Église dans l'embarras, car son successeur pourrait être nommé loin de l'influence de Napoléon. Mais l'Angleterre, craignant de compromettre le Saint-Père, ne se pressa pas, et comme on le verra plus tard, tandis que les navires britanniques croisaient devant Gênes, la police impériale fit transporter Pie VII à Fontainebleau. Là, du moins, il était à l'abri d'un coup de main.

Cependant, tandis que les treize cardinaux noirs étaient internés dans diverses villes de France, que les autres offraient à Paris l'exemple d'une servilité sans excuses et que le pape demeurait captif à Savone, la situation de l'Église dans le pays devenait de plus en plus grave. Rome, attaquée, persécutée, vaincue, s'était défendue avec les armes spirituelles, les plus terribles de toutes, parmi des populations ferventes et fidèles. Le coup frappé par l'excommunication était resté sans effet, parce que la bulle pontificale, grâce aux articles organiques, avait été interdite en France et n'avait pu y circuler. Mais il en était un autre dont la blessure était plus vive et plus profonde. Vingt-sept évêchés étant devenus vacants, l'Empereur avait successivement pourvu à ces vacances, en nommant des hommes de son choix. Mais le pape avait refusé de leur donner l'institution canonique. Vingt-sept diocèses étaient donc sans évêques et confiés, par la force des choses, à des chanoines capitulaires, qui, bien qu'apparemment soumis, n'admettaient pour définitives et pour vraies que les instructions qu'ils tenaient du cardinal di Pietro, auquel le pape avait confié les pouvoirs spirituels.

Dans le nombre des siéges ainsi vacants, se trouvait celui de Paris, d'où le cardinal Fesch avait dû descendre à la requête du pape, qui n'avait pas voulu laisser entre les mêmes mains l'archevêché de Lyon et celui de Paris. L'oncle de l'Empereur avait opté pour le premier de ces siéges, et au second l'Empereur avait nommé le cardinal Maury, qui, sans attendre son institution, avait pris en main l'administration de son diocèse ; mais cette administration, non sanctionnée par le souverain pontife, était fréquemment la source de conflits entre le cardinal et son clergé.

Au milieu des graves préoccupations que lui causaient alors ses vastes projets, l'Empereur trouvait le temps pour envisager ces questions innombrables, mais non le calme. Il n'en parlait qu'avec irritation. Tantôt, il voulait créer en France un patriarche indépendant qu'il opposerait au pape, tantôt il déclarait qu'il saurait bien se passer, pour les évêques nommés par lui, de l'institution canonique. Il menaçait même de séparer la France de la communion romaine, et d'être pour celle-ci un nouvel Henri VIII, après lui avoir promis d'être un Charlemagne.

Les projets les plus opposés se heurtaient dans ce grand cerveau, et dans sa bouche les paroles les plus violentes et les plus contradictoires.

Le cardinal Fesch ne partageait aucune des idées de son neveu; mais il était faible, craintif, intéressé, sans influence sur l'Empereur qui l'avait bien jugé, et hors d'état de servir en quoi que ce fût la cause de l'Eglise. Il parlait volontiers de l'héroïsme qu'il déployait en face de son neveu, mais le plus souvent il courbait la tête.

Un jour cependant, Napoléon s'étant écrié que l'Eglise de France était tenue de pourvoir à sa conservation et qu'il se passerait de l'institution canonique : « Prenez garde, lui dit son oncle, tous les évêques résisteront et vous allez faire des martyrs. » C'est un des rares traits d'héroïsme et d'esprit du cardinal Fesch.

L'abbé Emery, le vénérable et savant directeur du séminaire de Saint-Sulpice, Mgr Duvoisin, évêque de Nantes, fréquemment consultés par l'Empereur, lui avaient donné de semblables conseils, et l'abbé Emery avait même pris la défense du pape et de ses droits avec une audace et un courage qui trouvaient peu d'exemples en ce triste temps. Mais l'abbé Emery mourut, et d'ailleurs il eût été impuissant à empêcher toutes les fautes qui allaient se commettre, sous l'impulsion d'une volonté aussi absolue qu'irréfléchie.

Le pape, malgré les sollicitations dont il était l'objet à Savone, persistant à refuser satisfaction à l'Empereur, en ce qui touchait l'institution des évêques, ce dernier décida qu'il réunirait un concile national; que les différends avec le pape seraient soumis à cette assemblée, et qu'on lui demanderait de donner à l'Eglise de France le moyen d'instituer ses évêques malgré le pape, si dans un délai déterminé ils n'avaient pas reçu l'institution. Avancer une telle proposition, c'était attaquer une des pierres fondamentales de l'Eglise catholique; et la maintenir contre la volonté du souverain pontife, c'était revenir à la constitution civile du clergé, que Napoléon avait détruite par le Concordat de 1801. Mais, aveuglé par une irritation qui renaissait chaque fois qu'il abordait ces questions, il ne voyait pas de quelles contradictions il allait frapper un des actes les plus importants de son règne. Le 22 novembre 1809, le ministre des cultes adressa à l'Empereur un long rapport sur la nécessité et l'opportunité d'un concile. Sur ce rapport, qui posait avant tout un point d'interrogation, un comité composé d'ecclésiastiques considérables eut ordre de décider si une assemblée de cette nature pouvait se réunir sans le consentement du pape? Les prélats, consultés, répondirent affirmativement, mais quelques-uns d'entre eux ajoutèrent qu'il y avait lieu de témoigner au souverain pontife la déférence due à son caractère, en allant au préalable le consulter. On désigna pour cette mission l'archevêque de Tournay, les évêques de Nantes et de Trèves. Ils furent chargés, à la fin du mois de mai 1811, d'aller annoncer au pape : 1° la convocation d'un concile pour le 9 juin ; 2° l'abrogation du Concordat de 1801, le pape ne l'ayant pas observé ; 3° enfin, que l'Empereur tiendrait ce concordat pour existant, si le pape instituait les vingt-sept évêques déjà nommés, et si, pour les autres, le métropolitain était autorisé à conférer l'institution après six mois, si Rome, à l'expiration de ce délai, ne l'avait pas conférée.

Les trois prélats étaient en outre chargés de proposer au pape de retourner à Rome, à la condition de prêter le serment prescrit par le Concordat. S'il refusait de prêter ce serment, il irait à Avignon, y administrerait le spirituel, en ayant auprès de lui les représentants des puissances catholiques, en jouissant des honneurs souverains et de deux millions de revenus. Enfin, il devait renoncer à la possession de Rome, aussi bien qu'à tout ce qui ressemblait à la puissance temporelle.

Telles étaient les conditions inadmissibles et injustes de sa délivrance. Déclarer au pape que le Concordat était abrogé parce qu'il ne l'avait pas observé, c'était oublier qu'on l'avait mis dans la nécessité de ne pas l'observer. L'obliger à abandoner son droit d'institution, c'était exiger qu'il trahît tous ses devoirs ; lui imposer le serment prescrit par le Concordat, c'était le traiter non comme le père commun des fidèles, mais comme un simple évêque ; enfin, lui assigner Avignon pour demeure, au sein du peuple français, c'était en faire non un pontife indépendant, mais un chef de religion soumis, pour les affaires spirituelles, aux caprices du souverain temporel ; et lorsqu'on lui promettait que les puissances catholiques auraient leurs représentants auprès de lui, cette promesse était un leurre, car aucune puissance libre d'agir à sa guise n'aurait pris au sérieux le chef de l'Eglise catholique, vivant au sein du peuple français, avec lequel elle pouvait être en guerre.

Ainsi se trouvait soulevée la grave question de la puissance temporelle. En réunissant les Etats de l'Eglise à son Empire, Napoléon Ier avait sans doute réalisé une conquête, mais aussi porté atteinte à un grand principe : celui de l'indépendance de l'Eglise, et par conséquent à la liberté des âmes. S'il eût eu auprès de lui un conseiller courageux et sincère, ce conseiller lui eût dit : Prenez garde, vous allez blesser les sentiments religieux du monde catholique et vous créer autant d'ennemis qu'il y a d'adhérents à la chaire romaine. Mais, ce conseiller, l'Empereur ne l'avait pas, et c'est le châtiment des despotes de ne plus entendre la vérité, alors même qu'elle leur serait le plus nécessaire, ayant accoutumé ceux qui pourraient la leur dire à la leur cacher.

Après plusieurs entretiens avec les prélats qui lui avaient été envoyés, Pie VII, pressé de toutes parts, privé de ses plus fidèles amis, Consalvi, Pacca, Della Sommaglia, di Pietro, Gabrielli, adhéra au concile et à ses conséquences, non sans remords. Le concile s'ouvrit à Paris le 11 juin. Cette assemblée de tous les princes de l'Eglise n'offrit rien que de triste. La passion la plus exagérée et la peur la plus effroyable dictèrent ses décisions, et lorsque enfin, après des scènes indignes d'elle, elle eut des velléités d'indépendance, lorsque, privés de leur chef, se souvenant que celui auquel ils avaient juré obéissance était dans les fers, les évêques se déclarèrent incompétents et reconnurent qu'ils ne pouvaient prononcer, l'Empereur irrité les dispersa, poussant son aveuglement jusqu'à faire arrêter trois d'entre eux. Cet exemple frappa les autres de terreur, et individuellement chacun signa la décision que tous ensemble avaient refusé d'approuver.

Cette décision portait que, six mois après la demande d'institution faite au pape, s'il n'avait pas donné son consentement, le metropolitain procéderait à l'institution de l'évêque. C'était, sans doute, beaucoup que d'avoir fait accepter à un concile national une résolution de cette nature. Mais il fallait la faire accepter au pape, et ce pouvait être plus difficile, alors surtout que celle-là n'était que le préliminaire de conditions autrement humiliantes.

A cet effet, l'Empereur renvoya à Savone les prélats qui s'y étaient rendus une première fois et auxquels il adjoignit des cardinaux, et lui-même parut abandonner un moment cette grave question pour reporter tous ses soins sur les affaires extérieures dont la complication allait amener l'expédition de Russie.

Le 9 mars 1812, dans tout l'éclat de son incomparable grandeur, Napoléon avait quitté Paris, pour aller se mettre à la tête de l'héroïque armée qui se dirigeait vers le Niémen. Il rentrait dans sa capitale le 18 décembre 1813, après une campagne immortelle moins encore par la gloire que la France y trouva que par les désastres qu'elle y subit. C'est alors qu'il voulut en finir avec cette question religieuse qui déjà lui avait donné de si graves préoccupations. Les prélats envoyés à Savone après le concile avaient obtenu du pape un bref qui approuvait la décision de l'assemblée, bref que le pape avait ensuite voulu désavouer, et dont il éprouvait depuis les plus cuisants remords.

Napoléon résolut de frapper un grand coup. Depuis six mois le pape avait quitté Savone. Avant de partir pour l'Allemagne, l'Empereur, ayant appris qu'une croisière anglaise stationnait devant Gènes et craignant qu'elle n'eût pour mission d'enlever Pie VII, l'avait fait conduire au château de Fontainebleau. Là, l'existence du pontife était moins captive qu'à Savone, mais il n'y avait pas recouvré le repos perdu depuis le jour où l'Eglise était persécutée.

Le 19 janvier 1813, au retour d'une chasse chez le prince de Neuchâtel, l'Empereur arriva subitement à Fontainebleau. Il se rendit aussitôt auprès du pape, se jeta dans ses bras, en l'appelant son père, embrassement que le pape lui rendit, avec une vivacité toute juvénile, car il avait pour le négociateur du Concordat, plus tard sacré par lui, une affection profonde que les persécutions de celui-ci n'avaient pas altérée. L'Empereur resta six jours à Fontainebleau, pendant lesquels le pape fut de sa part et de celle de Marie-

Louise l'objet d'une vénération toute filiale. Le vieux palais de Fontainebleau, où durant six mois le pontife avait vécu solitaire, s'était rempli de courtisans, et il était possible à ce vieillard affaibli de penser que tous les hommages étaient pour lui. Ils étaient en effet pour lui, mais l'Empereur, pendant ce temps, allait vers le but qu'il avait voulu atteindre, c'est-à-dire le règlement définitif de la question religieuse par un concordat qui dépossédàt le pape de son pouvoir temporel et consacràt cette chute définitive d'une puissance si longtemps gardée.

C'est dans ce sens qu'il s'entretint avec Pie VII durant les six journées qu'il demeura à Fontainebleau. Il n'eut pas à le maltraiter pour le contraindre à subir ses volontés, et il ne le maltraita pas. Mais, le pape avait soixante-onze ans, ses conseillers fidèles étaient loin. Ceux qui étaient autour de lui, empressés de plaire au maître, en arrivant à convaincre leur souverain spirituel, lui exposaient le triste état de l'Eglise. L'Empereur à son tour lui démontrait les bienfaits qui ressortiraient pour la religion d'un accord définitif et l'inutilité d'un pouvoir temporel pour le Saint-Siége, alors que lui, Napoléon, quasi-maître de l'Europe, le prendrait sous sa protection. Le pape se laissa convaincre. Il ouvrit l'oreille à ces paroles séduisantes. Il se dit que, puisque la résistance à de telles volontés était impossible, il ne fallait pas l'entreprendre, et le 25 janvier il signa un concordat qui n'était autre chose que sa propre déchéance. Il renonçait à Rome et à ses Etats; il acceptait d'aller s'installer à Avignon, — il avait refusé de résider à Paris, —

à la condition qu'il pourrait y recevoir les ambassadeurs des puissances catholiques, alors même que la France serait en guerre avec elles. Un revenu de deux millions lui était accordé.

Consalvi, où étais-tu?

Le concordat signé, les cardinaux qui avaient poussé le pape à le conclure reçurent des récompenses honorifiques et des présents. Puis, l'Empereur donna l'ordre de mettre en liberté les cardinaux noirs, et en même temps il écrivait à l'empereur d'Autriche qui l'avait pressé de délivrer le pape : « Votre vœu est exaucé. » Mais, Napoléon se trompait, s'il se flattait d'en avoir terminé avec la crise religieuse par un traité arraché à un vieillard dont la captivité avait épuisé les forces.

Consalvi apprit ces divers événements le jour même de sa délivrance, et il s'empressa de partir pour Fontainebleau. Il y arriva en même temps que quelques-uns des membres du Sacré-Collége, jusque-là exilés comme lui. A peine il les vit, que Pie VII s'écria : « On m'a fait signer. De ceci, je mourrai fou comme Clément XIV ! » cri de douleur dans lequel se trahissait la signification véritable du nouveau Concordat. Les cardinaux rassurèrent le pape, et sous sa présidence ils tinrent conseil. La discussion fut vive. Consalvi et Pacca déclaraient que pour l'honneur du pape et le bien de l'Eglise il fallait que le bref de Savone et le Concordat de Fontainebleau fussent déclarés nuls. Malgré les résistances de quelques-uns, leur opinion prévalut. Consalvi rédigea une lettre que Pie VII devait adresser à l'Empereur. Elle devait être copiée de sa main, mais elle était longue et le pontife était faible. Il fallut y revenir à plusieurs fois et travailler dans le plus grand secret. Le pape en transcrivait tous les jours quelques lignes, puis, Consalvi ou Pacca, ou un autre cardinal, emportait avec lui la lettre commencée et la rapportait secrètement le lendemain, lorsque le pape se trouvait en état de la continuer. Elle ne fut terminée qu'au bout de plusieurs jours, et le colonel Lagorce, militaire honorable et discret, à la garde duquel le pontife était confié, fut chargé de la remettre à l'Empereur.

Ce dernier entra dans une violente colère. Il foula aux pieds le message qui lui était adressé, et il s'écria : « Si je ne fais pas sauter la tête de dessus les épaules de quelques uns de ces prêtres, on n'accommodera jamais les affaires. » Ces menaces, que fort heureusement pour lui il n'exécuta pas, n'étaient que des menaces. Elles n'empêchaient pas le désaveu solennel du pape de replacer la question dans l'état où elle était avant le Concordat de Fontainebleau, traité sans valeur, parce qu'il n'avait été obtenu que par la contrainte morale.

Cependant, il fallait en finir. Les circonstances l'exigeaient. L'opinion, lassée sur tant d'autres points, commençait à faire un crime à Napoléon de retenir si longtemps le pape prisonnier. Une femme recommença la négociation. La marquise de Brignoles se rendit un soir à Fontainebleau auprès du cardinal Consalvi, qui avait pour elle une paternelle amitié, et lui annonça, de la part de M. de Talleyrand, que le gouvernement français était prêt à entrer en arrangements. Mais, Consalvi, tenu au courant des événements du dehors, convaincu que la puissance de Napoléon touchait à son terme, accueillit froidement ces ouvertures. A la marquise de Brignoles succéda M. Fallot de Beaumont, archevêque nommé de Bourges. Il avait ordre de proposer au pape la restitution de la partie occidentale de ses Etats. L'Empereur s'était décidé à cet extrême parti pour les besoins de sa politique. Murat venait de se déclarer contre lui et occupait les Etats romains. L'empereur d'Autriche seul pouvait s'opposer aux envahissements du roi de Naples. En donnant satisfaction au souverain pontife, Napoléon se flattait de se rendre son beau-père favorable. Mais, Pie VII, mis en garde par Consalvi contre les séductions, se sentant déjà plus fort, assuré que ses affaires prenaient une meilleure tournure, déclara qu'il ne traiterait qu'à Rome. Et comme le colonel Lagorce, attaché à sa personne autant pour le garder que pour le servir, le suppliait d'accueillir sa proposition, le pontife répondit : — « Paris n'est pas le lieu convenable pour traiter. »

On ne se tint pas pour battu, et l'archevêque de Bourges retourna, le 19 janvier 1814, à Fontainebleau, avec un projet de traité. Pie VII fit la même réponse et il ajouta : « Assurez l'Empereur que je ne suis point son ennemi, la religion ne le permettrait pas. Lorsque je serai à Rome, on verra que je ferai ce qui sera convenable. » Trois jours après, Pie VII partait, non pour Rome, mais pour Savone. Il était joyeux, car c'était la route de la ville éternelle, et le cœur du pontife tressaillait de joie à la pensée de se retrouver aux bords du Tibre, sous la coupole de Saint-Pierre, d'où, depuis quatre années, il était absent. Quant à Consalvi, loin d'être autorisé à accompagner son maître, il recevait l'ordre de partir pour Béziers, où il devait être interné.

Mais avant de se séparer du pape, il avait rédigé les instructions les plus précises pour les cardinaux qui restaient à Paris. Défense leur était faite de prendre part à aucune négociation qui aurait pour objet un arrangement avec Rome. Ils ne devaient ni proposer, ni accepter l'initiative d'aucune démarche.

Après un voyage dans le midi de la France, qui ne fut qu'un long triomphe, et qu'un premier dédommagement pour son cœur ulcéré, Pie VII arriva à Savone ; mais cette fois il y resta peu, et, le 31 mars, au moment où les alliés entraient dans Paris, il était en route pour Rome. Ne citons qu'un trait : à Césène, à quelques lieues du terme de son voyage, il rencontra Murat, venu à sa rencontre pour le détourner d'aller à Rome que les Napolitains occupaient. « Les vœux des Romains, dit le roi de Naples, sont contraires au retour de Votre Sainteté. Voici leur sentiment. »— E il montrait une protestation. Le pape prit le papier : « Je ne veux pas connaître les noms de ceux qui ont signé, » dit-il et il jeta la feuille dans le feu.

Quelques jours plus tard, il entrait à Rome. La nouvelle de la chute de Napoléon y arriva bientôt et lui arracha des larmes. Il se souvenait des espérances conçues et des bénédictions données treize ans auparavant, au moment du Concordat...

Cinq jours avant son entrée à Rome, il avait signé,

à Foligno, un décret qui rétablissait, en termes flatteurs et reconnaissants, le cardinal Consalvi dans sa charge de secrétaire d'Etat. Celui-ci n'avait fait que passer à Béziers, d'où il était venu rejoindre le pape. Il n'assista pas à l'entrée solennelle du pontife dans sa capitale. Le 20 mai, il repartait pour Paris, où se trouvaient réunis les souverains auprès desquels il fallait faire triompher la cause pontificale.

VII

CONSALVI AU CONGRÈS DE VIENNE.

1814 — 1815

Le 20 mai 1814, après avoir été rétabli dans ses fonctions de secrétaire d'État, le cardinal Consalvi eut mission de se rendre à Paris et d'y résider auprès des souverains alliés, afin de plaider auprès d'eux la cause des droits temporels du Saint-Siége. Personne à Rome n'était plus digne que Consalvi d'une mission semblable qui couronnait avec éclat son dévouement et ses talents, et personne n'était mieux fait pour y réussir. Depuis l'avénement de Pie VII au trône pontifical et sa propre nomination comme secrétaire d'E-tat, le but le plus constamment poursuivi et le plus vivement désiré par le cardinal, c'était la restitution au pape des provinces que la République française lui avait enlevées et que Napoléon ne lui avait pas rendues. Sa sortie forcée du ministère, l'arrestation du pape, ses malheurs personnels ne lui firent jamais perdre de vue cet important objet. Interné dans Reims, il s'en préoccupait encore et, revenu auprès du pape, à Fontainebleau, rien ne lui avait été plus à cœur que de triompher sur ce point de l'obstination de l'Empereur. En 1813, lorsqu'après la signature de l'armistice de Pleiswitz, qui suivit la sanglante bataille de Bautzen, le bruit se répandit qu'un congrès allait se réunir à Prague, afin d'y conclure une paix générale et d'y régler les affaires de l'Europe, le cardinal Consalvi conseilla au pape d'écrire à l'empereur d'Autriche, afin de faire reconnaître ses droits à la face de l'Europe. La lettre pontificale apportée à Vienne ne put avoir le résultat qu'on en attendait, puisque le congrès de Prague, pour le malheur de Napoléon, n'eut pas à se réunir ; mais elle ne fut pas étrangère à la décision inattendue de l'Empereur qui, dans le mois de janvier 1814, fit repartir le pape pour Rome.

Quatre mois plus tard, Napoléon n'était plus sur le trône de France, et au moment où Consalvi se dirigeait vers Paris pour continuer auprès de son successeur des réclamations qui duraient depuis quatorze ans, Pie VII faisait savoir à la famille Bonaparte que Rome était un asile ouvert aux exilés et aux proscrits. Consalvi eut sa part dans la gloire de cette offre ; contrairement à quelques courtisans indignes de comprendre la belle âme de leur maître, il l'affermit dans sa magnanime résolution.

Le cardinal, voyageant non plus en fugitif, mais

comme il convient à l'ambassadeur d'un grand souverain, arriva à Paris, à la fin du mois de mai. La
paix venait d'être conclue par le célèbre traité qui fut
la plus grande et la plus irréparable des fautes de la
Restauration. Les affaires de la France se trouvaient
réglées par ce traité. La diplomatie européenne devait se réunir à Vienne, deux mois plus tard, pour
régler celles de l'Europe.

Consalvi trouva tout changé en France. Cinq semaines s'étaient à peine écoulées depuis le départ de
Napoléon, et il avait suffi de ces quelques journées
pour le faire oublier à la plupart de ceux qui lui devaient tout. Triste exemple de l'ingratitude et de la
cupidité des hommes, qui dut vivement frapper Consalvi, mais, non le surprendre, car il les avait déjà
suffisamment pratiqués pour n'avoir plus à s'étonner
de leurs faiblesses !

Pour lui, il ne pouvait avoir que de la joie à revenir dans un pays qu'il croyait rendu désormais aux
Bourbons. Il aimait cette famille. Il l'aimait par reconnaissance, puisqu'il avait été sous Pie VI le protégé des tantes du roi de France ; il l'aimait par devoir, puisqu'elle représentait une chose inattaquable
à ses yeux, le principe de la légitimité. Sa première
visite fut pour M. de Talleyrand, qui se félicitait,
dit-il, d'avoir à renouer avec lui des relations si brusquement interrompues depuis plusieurs années. L'ancien ministre de l'Empereur, devenu ministre du roi,
le présenta à Louis XVIII, qui l'accueillit avec effusion et lui déclara qu'il voulait le voir souvent dans
l'intimité. Durant son séjour à Paris, le cardinal pro-

fita de cette offre bienveillante. Il entretint longuement Louis XVIII des affaires du Saint-Siége, et
de celles de l'Europe. La Charte constitutionnelle venait d'être promulguée. Il en discuta plusieurs points
avec le roi. Il y blâmait surtout la liberté de la presse
dont il s'effrayait outre mesure et osa le lui dire.
Pour lui, accorder cette liberté, c'était livrer aux ennemis de l'Eglise et de la monarchie une arme terrible.
Mais, cette arme, il n'était plus possible dans la pensée du roi de ne pas la donner. A notre sens, d'ailleurs, le mal n'était pas de l'avoir accordée, mais d'a-
voir par ce côté seulement pactisé avec la Révolution
qu'on combattait par tant d'autres côtés.

Le cardinal vit aussi les diplomates étrangers. Partout, son nom, son caractère, sa renommée le désignèrent au respect et à la sympathie de tous. On s'ouvrit à lui avec confiance. Le prince de Metternich et
lord Castlereagh lui révélèrent plus d'un secret, et en
peu de jours, il eut sainement jugé la situation et apprécié le parti qu'on pouvait en tirer.

Les souverains alliés, en entrant dans Paris, n'a-
vaient eu aucune idée de conquête sur la France.
Aucun d'eux ne se souciait d'avoir à maintenir sous le
joug une nation aussi turbulente et aussi éclairée. Ils
étaient tous trop expérimentés et les conseillers qui les
entouraient trop habiles pour ne pas comprendre que
l'existence de ce grand pays était nécessaire à l'équi-
libre de l'Europe, et que, grâce à lui, ils pouvaient
efficacement contenir leurs mutuelles ambitions. Le
ramener dans les frontières qu'il avait eues en 1789, en
lui faisant payer, si c'était possible, les frais de la

guerre, voilà tout ce qu'on pouvait en exiger. Mais cette affaire réglée, — elle venait de l'être par le traité de Paris, — restait à conclure celles de l'Europe, et dans l'arrangement de celles-là chacune des quatre grandes puissances qui commandaient au mouvement comptait bien se dédommager des nombreux échecs subis sous Napoléon. L'Angleterre désirait les Pays-Bas, afin d'assurer sa puissance dans la mer du Nord ; la Russie désirait la Pologne ; la Prusse désirait la Saxe ; l'Autriche désirait l'Italie. Et comme ces quatre gouvernements tenaient la situation dans leurs mains, il semblait que rien ne pût s'opposer à l'accomplissement de leurs vœux. Consalvi comprit que dans les prétentions de ces puissants potentats disparaîtraient toutes celles des petits souverains, et que celles mêmes du Saint-Siége risquaient fort d'y sombrer. En vain, pour sauvegarder les intérêts qui lui étaient chers, cherchait-il autour de lui, parmi les puissances catholiques, un allié influent et désintéressé, il n'en trouvait pas. La France n'avait aucune volonté à exprimer ni pour elle, ni pour d'autres. En signant le traité fatal du 30 mai, elle s'était lié les mains ; elle avait même renoncé au droit d'interjeter appel à Vienne des injustices dont elle s'était laissé frapper. Les réclamations en faveur du Saint-Siége ne pouvaient donc rien gagner à passer par la bouche de ses hommes d'Etat. L'Espagne, le Portugal, la Bavière, les princes italiens avaient trop peu d'influence pour la détourner de leurs propres intérêts, et l'Autriche qui seule aurait pu exercer sur les plénipotentiaires assemblés assez d'ascendant pour les décider à reconnaître les droits du pape, en était encore à caresser des espérances qui, si elles se réalisaient, devaient être la ruine temporelle du Saint-Siége. Rien de tout cela n'échappa à Consalvi, et bientôt il eut formé son plan de campagne.

En 1794, il avait été activement mêlé aux pourparlers entamés entre Pie VI et William Pitt pour l'organisation de la grande coalition contre la République française. Il savait qu'héritier des traditions de ce fougueux homme d'Etat, le prince régent d'Angleterre croyait à la nécessité d'opposer aux envahissements de la Révolution, l'influence de la papauté et de faire d'elle le centre de la résistance, afin d'y amener les catholiques. A son tour, Consalvi conçut l'audacieux projet de faire défendre les droits temporels du chef de la catholicité devant le congrès de Vienne, par une puissance protestante.

Il soumit ce plan à Louis XVIII, qui l'approuva, et ce fut sans doute ce monarque qui, lui vantant les qualités personnelles du prince régent, son ami, l'engagea à se rendre en Angleterre, d'où lui-même arrivait. Consalvi partit pour Londres dans la première quinzaine de juin. Il y demeura peu de jours, mais assez pour assurer la réussite de ses projets.

Le prince qui régnait alors sur l'Angleterre en qualité de régent, en attendant que la mort de son père, tombé en démence, lui permit de prendre le nom de George IV, s'éprit rapidement de la nature charmante, de l'esprit judicieux et fin de l'homme d'État romain. Il se fit une joie de donner à l'Angleterre le mérite d'avoir soutenu les réclamations pontificales, et les

ministres anglais eurent ordre d'appuyer les demandes
que le cardinal présenterait au congrès de Vienne.
En même temps, sur son conseil, Consalvi adressait de
Londres, aux ministres des principales puissances de
l'Europe, une longue note à laquelle le prince régent
avait peut-être coopéré, et qui réclamait en faveur du
Saint-Siége la restitution des provinces dont l'avait
dépouillé le traité de Tolentino. Dans cette pièce diplomatique rédigée en français, et véritable chef-
d'œuvre dans son genre, Consalvi revendiquait, au
nom du gouvernement romain, les trois Légations,
Avignon, le comtat Venaissin, le duché de Bénévent,
la ville de Ponte-Corvo et son territoire. Il faisait même
allusion aux droits du Pape sur les duchés de Parme et
de Plaisance. Mais la plupart de ces réclamations n'é-
taient que de pure forme, et les seules sérieuses dans
sa pensée étaient celles qui concernaient les Légations,
Ponte-Corvo et le duché de Bénévent. Ce document
envoyé, le cardinal, ayant acquis la preuve de la bonne
volonté du prince régent, ne douta plus de la victoire.
Il quitta Londres après avoir demandé, au nom du
Pape, l'émancipation des catholiques d'Irlande, laissant derrière lui d'aimables souvenirs et des regrets
dans la société britannique, où il s'était fait en quelques jours des amitiés qui devaient survivre même à
sa retraite, après la mort de Pie VII.

Revenu à Paris, le cardinal y rencontra Mgr della
Genga, qui devait être plus tard le pape Léon XII, et
qui apportait à Louis XVIII les lettres de félicitations du
Saint-Père. En principe, Pie VII avait eu la pensée
d'adresser ces lettres à Consalvi, accrédité déjà au-

près de tous les souverains réunis à Paris, et qui les eût remises au roi de France. Les ennemis de Consalvi détournèrent le Pape de ce projet et désignèrent à son choix Mgr della Genga, archevêque de Tyr, chargé précédemment de plusieurs missions diplomatiques. Pie VII eut la faiblesse de céder, sans croire que son cher cardinal pût en être offensé. Mais ce dernier avait la prétention de gouverner et de gouverner seul. Il vit, dans l'envoi à Paris de Mgr della Genga, le triomphe du parti qu'il avait essayé constamment de briser. Il s'en exprima très-vivement à l'archevêque, lui adressa même de cruels reproches qui affectèrent ce dernier, et, malgré les efforts du roi pour les réconcilier, les deux prélats se séparèrent froidement.

Consalvi n'avait eu que le tort d'être vif, mais il était réservé à Léon XII de lui pardonner sa vivacité envers Mgr della Genga. Peu de jours après son voyage à Londres, le cardinal prit congé de Louis XVIII et partit pour Vienne, où il arriva vers le 20 juillet.

Aux termes du traité de Paris, les plénipotentiaires devaient être réunis le 1ᵉʳ avril. Cette date fut par deux fois reculée, et le congrès ne s'ouvrit définitivement que le 1ᵉʳ novembre. Consalvi eut donc trois mois devant lui pour assurer sa victoire, et il prépara si bien son terrain, qu'une fois le congrès ouvert, il n'eut plus qu'à triompher. Il ne trouva devant lui qu'un obstacle dont il eut facilement raison. Il avait été un moment question de donner à l'impératrice Marie-Louise une des Légations, afin de la dédommager de la perte des duchés de Plaisance et de Parme qu'on voulait rendre à l'ex-reine d'Etrurie. Mais cette tentative de l'Espagne ne put aboutir. L'Autriche maintint les droits de Marie-Louise. Consalvi démontra qu'il n'était ni convenable ni habile de créer deux injustices nouvelles pour en réparer une ancienne, et, le 19 novembre, tout était fini en ce qui concernait les Etats romains. Une lettre du prince régent à l'empereur Alexandre avait hâté la solution. Consalvi l'annonçait à Rome en ces termes : « Mon prince régent, écrivait-il, opère des merveilles; la restitution est décidée en principe et acceptée par l'empereur Alexandre. La base est posée ; nous rentrons en possession de nos chères provinces et nous les devons à un concours bien inattendu. » Concours inattendu, en effet, que celui d'un prince schismatique et d'un prince protestant, se réunissant pour faire triompher la cause du Souverain Pontife, non par amitié pour lui, mais par haine pour la Révolution.

On n'imposait au Pape qu'une seule condition. Consalvi dut promettre qu'à son retour à Rome le Saint-Siége modifierait son gouvernement dans un sens libéral. Ce fut même un des traits les plus piquants du congrès, de voir les monarques et les diplomates s'inquiéter de faire jouir les Romains de la liberté, alors qu'ils se préoccupaient d'en priver les autres nations.

Dès ce moment, rassuré sur le résultat de sa mission, Consalvi n'eut plus qu'à examiner en spectateur désintéressé ce qui se passait à Vienne. Il voulait encore remporter un autre triomphe, mais il le réservait pour la fin du congrès.

Le spectacle qu'offrait alors la capitale de l'Autriche était assurément l'un des plus curieux qu'il ait été donné au XIXe siècle de contempler. Empereurs, rois, petits souverains, diplomates, généraux, princes dépossédés par Napoléon et désireux de recouvrer leurs Etats, étaient réunis à Vienne, y assistant à la renaissance de la diplomatie. De 1791 à 1814, on avait perdu l'habitude de négocier. Au lendemain d'une bataille, le vainqueur imposait de dures conditions aux vaincus. On bâclait à la hâte un traité qu'on signait à côté d'un canon fumant, sans s'inquiéter même de savoir s'il pourrait être maintenu. Les négociateurs se retiraient avec la certitude qu'ils venaient de faire une œuvre inutile, et, la paix signée, la défiance mutuelle subsistait.

A Vienne, on remit en honneur l'art de la négociation, et tous les maîtres de la diplomatie, les Talleyrand, les Metternich, les Nesselrode, les Hardenberg, les Castelreagh purent discuter, durant des mois, les intérèts des nations, sans avoir à redouter de voir la salle de leurs délibérations envahie tout à coup par un général porteur d'ordres absolus et contraires à leurs décisions. L'Autriche voulut célébrer dignement cette grande solennité diplomatique. Elle consacra des millions à faire aux négociateurs un accueil digne d'elle et d'eux-mêmes.

Mais, tant de grandeur extérieure, tant de splendeurs éclatantes ne devaient servir qu'à mieux favoriser la consécration des plus grandes injustices modernes, et la France, qui était elle-même victime de la plus criante de toutes, ne put en empêcher aucune.

L'Angleterre, la Prusse, l'Autriche, la Russie n'eurent pas un seul instant d'autre préoccupation que celle de s'agrandir au détriment des petits Etats. Un jour, dans un accès de belle humeur, afin de ne pas désobliger un diplomate plein de séduction, elles accomplissaient un acte de justice en faveur du Saint-Siége, mais c'était plus par raison que par désintéressement. Dans la plupart des cas, chacune d'elles s'efforçait de tirer la couverture à soi. On ne s'inquiétait ni des besoins, ni des aspirations, ni des intérêts des peuples. On laissait dans l'asservissement la Pologne, une partie de l'Italie, la Hongrie, l'Irlande. On maintenait le dépouillement inique de la France consacré par la convention de Paris. On traitait les hommes comme des bêtes, et pas une voix ne s'élevait pour protester contre ces infamies. Chacun des grands gouvernements jetait un regard d'envie sur la part qu'emportait le voisin, et aucun n'osait rien dire, car tous avaient quelque chose à se reprocher. Tandis que l'intérêt européen commandait de confédérer l'Italie, on la livrait à l'Autriche, et la Russie laissait faire, parce qu'on lui avait aussi livré quelque chose. L'Angleterre et la Prusse imitaient cet exemple, et pour les mêmes raisons.

La Révolution française avait passé sur le monde : la démocratie était née ; elle allait envahir peu à peu les sociétés, et ces fins diplomates semblaient fermer les yeux. Il est vrai qu'ils contractaient la Sainte-Alliance, ligue contre les peuples de souverains décidés, pour se maintenir dans les pays que la victoire leur livrait, à user de tous les moyens. Ennemis de la révolution, ils ne tendaient à rien moins qu'à devenir des jacobins.

Du sein de ce désordre d'idées, de ces contradictions perpétuelles, rien de stable ne pouvait sortir, et il y avait, parmi ces vieillards qui semblaient tenir dans leurs mains les destinées de l'Europe, des personnages trop judicieux pour croire à la durée de ce qu'ils faisaient. « J'ai recueilli de leur bouche, disait Consalvi dans un document curieux que M. Crétineau-Joly nous a révélé, des aveux pleins de sinistres prévisions. On espère dominer la Révolution en la comprimant ou en la forçant au silence; et la Révolution déborde même au milieu du Congrès....... Nous étayons ici peu à peu, à force de bras et d'argent, une vieille masure qui s'écroule sous nos yeux, et nous ne songeons pas à rebâtir solidement ce qui serait peut-être moins dispendieux, et à coup sûr plus durable. »

Telles étaient les impressions de Consalvi, et le fait qu'il constatait était la preuve de l'impuissance dont ces habiles diplomates étaient frappés. Rebâtir voulait dire, dans la bouche de Consalvi, revenir à l'ancien régime, faire vivre les peuples en bonne intelligence sous le sceptre de leurs monarques légitimes. Or, rebâtir sur de telles bases n'était plus possible, et c'est parce que la majorité des plénipotentiaires en était convaincue, qu'aucun d'eux ne voulait aborder de près l'obstacle pour essayer de le détruire. On préférait tirer du *statu quo* une solution provisoire, et rien autre chose n'était possible dans une assemblée où l'ancien régime seul était représenté, où la Révolution était considérée comme un monstre hideux, où Louis XVIII lui-même était blâmé de se montrer libéral, même par les diplomates anglais qui déclaraient que l'exercice de la liberté, possible dans la Grande-Bretagne, ne l'était pas en France, et où chacun des souverains engagés dans la coalition, se figurant qu'il avait renversé Napoléon et sauvé l'Europe, se montrait plein d'exigences pour le règlement de ses intérêts, et avait la prétention de donner aux autres de rigides et justes conseils. Plus avisé qu'eux, l'Empereur, jugeant sa propre situation, disait : « Ce n'est pas la coalition qui m'a détrôné, ce sont les idées libérales. » Et il aurait pu ajouter : « Elles détrôneront tous ceux qui ne les adopteront pas. »

Des hommes réunis à Vienne, Consalvi seul était sincère. Il redoutait la puissance de ces idées, et il disait franchement que le mieux était de les étouffer d'abord, dût-on en tirer plus tard quelques bienfaits, si elles étaient capables d'en produire. Mais, personne autour de lui ne voulait entreprendre ce travail de géant. On entrevoyait une échéance fatale. On prévoyait le jour où, sur toute la surface de l'Europe, la lutte engagée entre l'ancien régime et le nouveau éclaterait terrible encore, sous une autre forme qu'en 1789, mais avec autant d'ardeur, et loin de chercher à amoindrir la crise, en allant au-devant d'elle et en la provoquant, on ne visait qu'à la reculer. On travaillait avant tout pour l'heure présente. On laissait aux générations futures un avenir plein de périls, et on le savait.

Ainsi ce qui manqua le plus au congrès de Vienne,

ce furent les convictions et la bonne foi. Il ne pouvait donc en sortir qu'une gigantesque immoralité. Non-seulement ce long travail de huit mois ne résolut aucune des difficultés léguées par Napoléon à l'Europe, mais encore il en accrut le nombre. On méconnut les plus sacrés des droits, les plus saints des devoirs, On justifia, de la sorte, les violences futures des sociétés secrètes et toutes les tentatives de la Révolution. Le Congrès de Vienne fut la dernière grande injustice de la force, un défi jeté à l'Europe libérale, une éclatante violation des droits qu'on voulait rétablir et de ceux qu'on voulait réduire en poussière.

Durant quelques semaines, le retour imprévu de Napoléon vint troubler la coupable placidité des diplomates. On dansait chez le prince de Metternich, lorsqu'on apprit le débarquement de l'Empereur. Le czar Alexandre s'approcha de M. de Talleyrand, et lui dit : « Je vous avais bien prévenu que cela ne durerait pas. » Le rusé diplomate ne répondit que par un sourire satisfait. Alexandre, depuis le commencement du Congrès, avait prouvé que, Napoléon disparu, il restait en Europe un autre despote, et M. de Talleyrand, victime de sa volonté, se trouvait vengé.

Mais, dès le lendemain, oubliant les intérêts privés, on se concerta dans l'intérêt général. Il ne fut plus question de partages ni de rivalités. On se déclara en permanence, on se mit en mesure de combattre, on prépara Waterloo.

Napoléon vaincu quittait l'Europe trois mois plus tard, et la grande iniquité du Congrès de Vienne put se consommer en liberté.

Avant que le Congrès se séparât, le cardinal Consalvi eut la gloire de lui faire prendre une décision toute au profit et à l'honneur du Saint-Siége.

Au début de cette importante réunion diplomatique, une question de préséance s'était posée entre les représentants des grands gouvernements. Elle avait été résolue par la sage décision qui confia la présidence du Congrès au prince de Metternich, représentant du souverain qui accordait à tous une si large hospitalité. Mais cette solution n'était que provisoire, et, frappé des difficultés qui se préparaient sur ce point, Consalvi, audacieux de nouveau, résolut de les prévenir et de les dissiper. Il pensa justement que la France, la Russie, l'Autriche, la Prusse et l'Angleterre, se croyant chacune d'elles plus puissante que les autres, ne céderaient pas leurs droits à cet égard. Profitant de cette rivalité, il fit entendre qu'en accordant le droit de préséance au ministre du Pape, on éviterait toute querelle. La Prusse se récria. Mais l'Angleterre, convaincue que les autres gouvernements n'accepteraient pas sa prééminence diplomatique, eut plaisir à la voir passer aux mains du plus faible. L'empereur Alexandre lui-même fut de l'avis du cardinal qui avait habilement invoqué les précédents. « Au point de vue religieux, dit le czar, le Pape est le chef de la plus grande communauté de chrétiens qui existe. Au point de vue politique, il est neutre de droit. Si j'avais l'honneur de le rencontrer dans une conférence de souverains, je ne voudrais pas d'autre président que le Saint-Père ; mes ambassadeurs feront pour ses nonces ce que je serais fier de faire pour sa personne. » Ce langage décida tout, et dès ce jour les nonces du Pape eurent le droit dont ils jouissent aujourd'hui, de précéder dans les cérémonies tous les ambassadeurs, et de haranguer les souverains au nom du corps diplomatique. De toutes les décisions prises à Vienne, il n'y eut que celle-là qui fut véritablement un hommage rendu par la force de tous à la faiblesse d'un seul.

Cette dernière victoire mit le comble à la renommée de Consalvi et combla de joie le cœur de Pie VII. Quelques jours plus tard, accompagné par d'universelles sympathies, précédé par le bruit de ses conquêtes, le cardinal rentra dans Rome, où d'autres graves affaires l'attendaient. Mais ses ennemis eux-mêmes durent le féliciter, sous peine d'encourir la disgrâce du Pape. Ce fut un nouveau grief contre le cardinal, et nul d'entre eux n'était assez généreux pour renoncer à s'en venger.

VIII

CONCORDAT.

1817

Tandis que les représentants des puissances européennes, réunis à Vienne, jetaient les bases du traité qui, depuis, a exercé sur la politique contemporaine une si détestable influence, et que Consalvi préparait, par son attitude au milieu d'eux, sa grande victoire diplomatique, une autre négociation s'engageait entre Paris et Rome, pour l'annulation du Concordat de 1801.

Dès le mois d'avril 1824, Mgr Cortois de Pressigny, ancien évêque de Saint-Malo, un de ceux qui, en 1801, avaient envoyé au pape leur démission, arrivait à Rome avec le titre d'ambassadeur de France, suivant de près Pie VII, qui venait d'y rentrer. Immédiatement présenté au pontife, mis en rapport avec le

cardinal Pacca, chargé par intérim de la direction des
affaires politiques, Mgr de Pressigny avait gardé le
silence le plus complet sur les affaires religieuses de
son pays. Tel était en effet l'ordre qu'il avait reçu de
M. de Talleyrand, ministre des affaires étrangères.
«Vous savez, lui avait dit ce dernier, que le roi considère le Concordat de 1801 comme une concession
exigée par la force et faite au malheur des temps, et que
Sa Majesté désire consacrer par une nouvelle convention les relations futures de son gouvernement avec
le Saint-Siége. Plus que nous, le Pape doit désirer
cette convention nouvelle. Et, s'il la désire, c'est lui qui
doit nous la demander. Abstenez-vous donc de toute
proposition, et attendez les ouvertures du Souverain
Pontife. »

Mgr de Pressigny n'avait qu'à se conformer à des
instructions aussi formelles, et il attendit. Dès le premier entretien qu'il eut avec Pie VII, ce dernier lui
parla longuement d'une lettre qu'il venait d'adresser
à Louis XVIII pour le féliciter sur son avénement au
trône de ses pères. Cette lettre en effet était arrivée à
Paris au moment où Mgr de Pressigny en partait.
Le Pape y demandait au roi de repousser énergiquement, dans sa constitution nouvelle, le principe de la
liberté des cultes, d'établir la priorité du religieux
sur le civil en matière de mariage, et de supprimer le
divorce. Il sollicitait en outre une dotation en biens-
fonds pour le clergé de France, et enfin, avec la restitution d'Avignon, l'influence du roi auprès de l'Autriche et de Naples pour faire retourner les Légations
sous l'autorité du Saint-Siége. Cette lettre, par quel-

ques-unes des prétentions qu'elle exprimait, plongea le gouvernement français dans la stupeur. Demander la restitution d'Avignon, la suppression de la liberté des cultes, une dotation en biens-fonds pour le clergé, c'était oublier qu'une révolution avait passé sur la France et sur une partie de l'Europe, c'était s'exposer à ne pas réussir; et ces trois points particuliers durent être vite abandonnés. Quant aux Légations, le gouvernement pontifical avait porté sa requête devant le congrès de Vienne, et, au précédent chapitre, on a vu dans quelle mesure il avait réussi.

Tels furent les sujets dont tout d'abord on entretint l'ambassadeur de France : mais du Concordat de 1802, de la circonscription des évêchés, des articles organiques eux-mêmes, pas un mot. Ce silence était contraire aux désirs de la cour de France qui, dans ces circonstances, ne poursuivait qu'un but, l'abrogation du Concordat de 1801, condamné par elle à cause de son origine napoléonienne.

En rentrant en France avec les émigrés, les Bourbons ne pouvaient oublier que le Concordat avait été une des causes les plus puissantes de la fondation de l'Empire. Ils n'avaient pas encore pardonné au pape d'avoir fourni à l'usurpateur un aussi puissant moyen d'arriver au trône. Mais, en dehors de ce sentiment plus logique que légitime que les Bourbons et ce qui tenait à eux trouvaient en eux-mêmes, n'existait-il pas des évêques qui en 1801, avaient refusé leur démission au Pape, qui depuis avaient vu leurs siéges occupés du consentement du Souverain Pontife, et qui ne pouvaient espérer pour en reprendre possession que dans un nouveau concordat? Enfin, le clergé de France, dépouillé de tous ses biens, ne caressait-il pas déjà l'espérance de les recouvrer ?

« Le Concordat de 1801, écrivait au roi l'évêque de Châlons, signé par l'usurpateur qui n'a pas craint de l'associer aussitôt, sans le consentement et malgré les oppositions du Pape, à de prétendus *articles organiques* destructifs des droits inhérents à la puissance spirituelle et attentatoire au dogme lui-même, est, par le fait de cette perfide association, frappé de nullité, comme, par le fait de la signature de l'usurpateur, il est incompatible avec la dignité et l'honneur de la couronne du roi. »

Ainsi pensaient ceux des membres de l'épiscopat qui, ayant partagé les malheurs des Bourbons, exerçaient le plus d'influence sur eux, et tel était le langage dont ils se servaient pour exprimer leur opinion, langage dont la violence suffisait à augmenter le trouble qui déjà régnait dans le clergé. Les évêques titulaires des siéges institués en 1801 ne défendaient pour la plupart que faiblement le Concordat, car ils savaient que leur position personnelle serait sauvegardée et ils pouvaient croire qu'un nouveau Concordat rendrait à l'Église son ancien prestige et ses anciens biens. Les évêques constitutionnels nommés en 1801, et acceptés par Pie VII, voyaient leur autorité méconnue, et déjà se manifestaient des divisions profondes qui, dans tous les rangs de la hiérarchie ecclésiastique, menaçaient d'un schisme l'Eglise de France, comme aux mauvais jours des assermentés et des insermentés.

Déclarer l'inviolabilité du Concordat de 1801, eût
été pour le gouvernement de la Restauration la meilleure des politiques et l'unique manière d'éviter tous
les périls. Mais c'eût été reconnaître qu'un des actes
les plus importants de Napoléon Ier avait été bon,
utile, bienfaisant, et Louis XVIII, mal entouré, mal
conseillé, n'écoutant que les pires avis et les hommes
les moins désintéressés, semblait vouloir enlever à
l'histoire de France les pages glorieuses de l'Empire.

Aussi, lorsqu'on vit que Pie VII gardait sur le Concordat un silence obstiné, de nouvelles instructions
furent adressées à Mgr de Pressigny, afin qu'il repré-
sentât au Pape, avec prudence et respect, ce qui s'était
passé depuis cette époque. Rien n'était plus difficile.
Pie VII, bien qu'il eût à se plaindre de Napoléon et
qu'il eût subi les articles organiques, en les désapprouvant toujours, considérait le Concordat de 1801
comme l'acte le plus important de son pontificat. En
racontant toutes les péripéties de cette grave négociation, nous avons dit ce qu'il en pensait de longues
années après, alors qu'il ordonnait à Consalvi d'intervenir auprès du prince régent d'Angleterre afin que la
situation du captif de Sainte-Hélène fût améliorée. Il
accueillit donc fort mal les ouvertures de l'ambassadeur de France. Deux choses seulement lui tenaient à
cœur, l'augmentation du nombre des siéges, et l'a-
brogation de ce que les articles organiques renfer-
maient selon lui de contraire à la doctrine de l'Eglise.
Mais il déclara que, même pour obtenir raison sur
ces deux points, il ne voulait pas désavouer l'acte de
1801.

Tandis qu'arrivaient à Paris les dépêches de Mgr de Pressigny constatant les dispositions du Saint-Père, Napoléon débarquait à Cannes, et cet événement, aussi bien que ceux qui suivirent, arrêta tout net les pourparlers commencés. Ils ne furent repris qu'au mois d'avril 1816. Le cardinal Consalvi était alors revenu de Vienne et dirigeait de nouveau les affaires. Le duc de Blacas avait remplacé Mgr de Pressigny comme ambassadeur de France, et c'est à lui qu'était dévolu le soin de faire aboutir la négociation.

On négocia pendant un an, ou plutôt, pendant un an M. de Blacas sollicita, comme la chose qui serait la plus agréable au roi, l'abrogation de l'acte de 1801. Enfin, de guerre lasse, le gouvernement pontifical, cédant aux sollicitations de l'ambassadeur, signa, le 28 avril, une convention qui subit des modifications nombreuses et qui fut remplacée par le Concordat du 11 juin, connu sous le nom de Concordat de 1817, et qui n'était que la reproduction de celui que François Ier avait conclu avec Léon X, bien moins avantageux pour la France que celui de 1801. Aux termes de la nouvelle convention, il fut décidé que le nombre des évêchés fixé en 1801 serait doublé, ce qui déjà devait la rendre impopulaire en France.

En signant le nouvel arrangement, le cardinal Consalvi ne cacha pas au duc de Blacas ses appréhensions. Dans sa pensée, la convention du 11 juin devait choquer en France certains esprits. Et comme la cour de Rome ne l'avait pas demandée, Consalvi tenait à établir que, dans ce qui pourrait arriver plus tard, elle n'aurait rien à se reprocher. Il constata

donc que le Saint-Siége s'était refusé autant et aussi
longtemps qu'il l'avait pu au rétablissement du Concordat de Léon X, et que c'était le gouvernement du
roi qui l'avait exigé.

Ainsi, le cardinal Consalvi, cela ressort de tout ce
qui précède, ne cédait sur le Concordat de 1801 qu'a-
vec regret et dans l'espérance d'obtenir la modification des articles organiques, bien qu'au fond il fût
convaincu que les propositions qui seraient faites sur
ce dernier point ne pourraient être acceptées. « Et
alors, disait-il, nous aurions gratuitement porté atteinte, sans profit pour l'Église, au plus grand acte
d'autorité qu'aucun souverain pontife ait jamais
exercé sur toute une Eglise nationale. »

Le duc de Blacas s'empressa d'envoyer le Concordat au gouvernement français, et celui-ci s'empressa
non de le publier, mais de pourvoir d'abord aux évêchés dont la création était autorisée, et ensuite à ceux
dont les titulaires, sur la demande du roi, venaient
de donner leur démission, refusée par eux à Pie VII
quinze ans plus tôt. Puis, une commission spéciale
fut chargée de préparer le projet de loi qui devait
être soumis au Corps législatif pour la consécration
des réformes que le Concordat nouveau allait introduire dans les lois de l'Etat. En France, on ne se doutait guère des négociations laborieuses qui venaient
enfin d'aboutir, ni de leur résultat. Aussi, y eut-il
une surprise générale, lorsque le Concordat que le
gouvernement pontifical considérait comme définitif,
publié à Rome, apparut à Paris. L'accueil fut partout
mauvais, sauf bien entendu chez ceux, — mais

c'était le plus petit nombre, — dont il servait les intérêts.

Les membres du Corps législatif qui venaient d'être convoqués ne cachèrent pas, dans les conversations particulières dont les échos arrivaient au gouvernement, leur sentiment sur un acte qui rétablissait une situation que la Révolution avait voulu détruire, et il fut facile au cabinet que présidait le duc de Richelieu de comprendre qu'il n'aurait pas la majorité dans la Chambre. Ses amis eux-mêmes lui déclaraient qu'ils ne le défendraient pas sur ce point.

Un moment, on discuta la question de savoir si l'exécution du Concordat et la présentation du projet de loi ne seraient pas différées. Mais aux conséquences que cet ajournement aurait eues dans l'opinion, on préféra celles que pourrait avoir un échec devant la Chambre, et le 22 novembre 1817 M. Lainé, ministre de l'intérieur, déposa sur le bureau de l'Assemblée le Concordat du 11 juin et le projet de loi qui en réglait l'exécution. Le discours prononcé en cette circonstance par M. Lainé était empreint de la sagesse et de la modération dont cet homme d'Etat avait donné et devait encore donner tant de preuves. Mais il ne pouvait atténuer le danger de la situation que le gouvernement s'était faite, en obtenant de Rome l'abrogation du Concordat de 1801, dont la masse du pays proclamait le bienfait, — danger que l'attitude de la cour de Rome allait aggraver.

Vers la fin de l'année, on connut à Rome le projet de loi et le discours de M. Lainé, et il n'y eut qu'un cri d'indignation dans le Sacré-Collége. L'arrivée des articles organiques accompagnant le Concordat de 1801, n'avait pas soulevé de plus véhémentes protestations. Le gouvernement romain crut de son devoir d'en adresser une officielle au cabinet des Tuileries, et dans les premiers jours de 1818 M. de Blacas lui transmettait une longue note du cardinal Consalvi, dont le fragment suivant est particulièrement significatif.

« Le Saint-Père, fidèle à ses engagements, disait le secrétaire d'Etat, a rempli avec exactitude tout ce qui le concernait. Cependant, au lieu de voir le Concordat recevoir également son exécution en France, Sa Sainteté a vu présenter aux Chambres un projet de loi qui fait entièrement disparaître ce projet de loi lui-même, puisque ce projet, au lieu de faire devenir le Concordat loi de l'Etat comme on le fit en 1801, présente des dispositions émanées de la puissance royale seule, dont les unes sont différentes et les autres diamétralement contraires à celles du Concordat.

« Un événement aussi inattendu a été d'autant plus désagréable à Sa Sainteté, qu'elle a été forcée de reconnaître que même *ce qui s'est passé sur le même sujet en 1801 ne présentait pas autant de motifs de chagrin et de plainte que le fait actuel.*

« Les articles organiques de 1801, par la stipulation contenue dans l'art. 3 du nouveau Concordat, sont abrogés..... Toutefois, on cherche en vain dans le projet de loi les effets de cette abrogation..... Non-seulement il n'est pas question de leur abrogation, mais encore on les confirme tous. »

Examinant ainsi l'un après l'autre tous les articles du projet de loi, le gouvernement pontifical déclarait que ce projet violait le Concordat du 11 juin et le détruisait. En conséquence, il exprimait l'espoir que le roi Louis XVIII porterait remède à un état de choses aussi préjudiciable qu'injurieux pour le Saint-Siége.

Tandis que cette protestation, qui n'était autre chose que la condamnation de la conduite du gouvernement français dans cette négociation, arrivait au ministre des affaires étrangères, le cabinet des Tuileries s'efforçait d'acquérir dans les Chambres une majorité à son projet de loi. Il se flattait de réussir, et dans ce cas on aurait vu, sous le gouvernement d'un Bourbon, se reproduire le fait qui s'était passé sous le gouvernement d'un Bonaparte et qu'on lui avait si cruellement reproché, c'est-à-dire une lutte entre Paris et Rome, sur l'interprétation à donner au concordat. Mais un événement inattendu vint détruire les espérances du ministère. Un député scrupuleux, membre de la commission, M. le comte de Marcellus, désireux de connaître le sentiment du Pape dans cette grande affaire, lui écrivit, afin de savoir de lui quelle conduite il devait tenir dans la discussion. La réponse ne se fit pas attendre, et elle pouvait se résumer en trois mots : Repoussez la loi. M. de Marcellus fit passer la lettre pontificale sous les yeux de ses collègues, et dès lors le sort de la loi fut fixé. Elle était anéantie, avant même d'avoir été soumise aux débats d'une commission législative.

Le roi fut personnellement blessé de la lettre du
Saint-Père à M. de Marcellus, et il voulut qu'on con-
nût à Rome son mécontentement. Consalvi répondit.
Mais les notes échangées ne modifiaient en rien la
situation, et c'était autrement qu'il fallait y aviser.
Placé entre ses engagements vis à vis de Rome et la
désapprobation certaine de la Chambre des députés,
le cabinet se résolut à ajourner la discussion de la loi
et à suspendre l'exécution du nouveau Concordat.
M. de Blacas reçut l'ordre de gagner du temps, et on
s'occupa de mettre un terme à une situation d'autant
plus grave, que les évêques nommés par le roi et
institués par le Pape s'irritaient des retards apportés
à leur installation.

Le premier acte du ministère, lorsqu'il se vit dégagé du côté du Corps législatif, fut de répondre à la
protestation du cardinal Consalvi dont il a été fait
mention plus haut. Le débat était surtout engagé sur
les articles organiques. « Vous nous aviez promis de
les supprimer, avait dit Consalvi, et sous une autre
forme vous les avez rétablis. » C'est sur ce point donc
que la réponse du cabinet des Tuileries s'exprimait
le plus énergiquement, car il tenait à se justifier. Et
de fait, il avait eu surtout le tort de promettre au début de cette longue négociation, et afin de décider le
Saint-Père à céder à ses efforts, la suppression des
articles organiques. Il pouvait bien, en effet, en supprimer le texte, mais non l'esprit, car la plupart
d'entre eux ne faisaient que reproduire les anciennes
lois françaises. Voici en quels termes le cabinet des
Tuileries expliquait la loi déposée sur le bureau de la

Chambre des députés, comme conséquence et complément du Concordat.

« La première question que fait tout lecteur à la lecture du Concordat est celle-ci : Quels sont ceux des articles organiques qui sont contraires à la doctrine et aux lois de l'Eglise?

« La généralité des termes de la convention du 11 juin ne permettant pas de répondre à cette question, il faut bien souffrir que la loi prenne des précautions pour empêcher qu'on ne dise que la totalité des articles organiques est supprimée. La situation des esprits faisait un devoir de prendre cette précaution pour éviter que les Chambres n'en demandassent de plus grandes. Il sera facile de s'entendre sur ceux des articles organiques qui ne doivent plus être exécutés parce qu'ils pourraient être évidemment contraires à la doctrine et aux lois de l'Église. Mais il est indispensable, pour éviter en France des maux incalculables, d'assurer le maintien des articles qui sont relatifs à l'administration intérieure des affaires ecclésiastiques, et à des objets auxquels il n'est plus possible de toucher en France sans s'exposer à des troubles et à des désordres propres à compromettre le sort de la religion catholique elle-même. »

Ces raisons étaient excellentes, car on ne pouvait nier que les dispositions des articles organiques reproduites par le projet de loi objet du litige ne fussent conformes à celles qu'appliquait l'ancien régime. Mais il n'y avait rien là qui pût convaincre le gouvernement pontifical, puisqu'on avait commis la faute de lui promettre, comme prix de l'abrogation du Concordat de 1801, la suppression des articles organiques ou de tout ce qui leur ressemblait.

La note française portait la date du 23 avril. Consalvi y répondit sans retard. Il ne cachait pas l'impression douloureuse qu'elle avait produite sur l'esprit du Saint-Père. Il se plaignait de nouveau des articles organiques, rétablis au mépris des promesses les plus sacrées. Il demandait le maintien pur et simple de la convention du 11 juin et la prompte installation des évêques iustitués. « Si, après un traité conclu, ratifié et si exactement rempli par le Saint-Père, disait-il, tout devait être remis en question, il n'y aurait plus rien de sacré dans le monde, et il ne serait plus possible de compter sur rien. »

Une seule concession, ajoutait-il, semble possible au Saint-Père : « Si, pour éluder tous les prétextes, et pour désarmer ceux qui allèguent le défaut de moyens pour former la dotation de toutes les églises que le Saint-Siége a érigées d'après les instances de S. M. T. C., il devenait nécessaire d'en réunir quelques unes, S. S., eu égard aux circonstances difficiles où se trouve le royaume, et considérant que dans le Concordat on n'a pas fixé le nombre précis des siéges, ne fera pas de difficultés de s'y prêter... Mais hors de cela, il est inutile de rien espérer du Saint-Siége. »

Cette réponse n'était pas faite pour avancer la négociation. Mais, à l'heure où Consalvi la remettait à M. de Blacas, un nouveau plénipotentiaire français, parti de Paris vers le milieu du mois de mai, se dirigeait vers Rome, afin de seconder l'ambassadeur de France. C'était le comte Portalis, le fils du grand Portalis et le même qui, en 1811, avait encouru la disgrâce de Napoléon Ier lorsque son cousin, l'abbé d'Astros, plus tard archevêque de Toulouse et cardinal, avait été chargé par le Pape, en sa qualité de vicaire capitulaire, de communiquer au chapitre de Paris le bref pontifical qui lui enjoignait de ne pas obéir au cardinal Maury. Le comte Portalis était un homme habile et intègre, fait pour réussir si la réussite était possible. Un ami du cardinal Consalvi, M. Gaillard, conseiller à la Cour de cassation, secrétement envoyé à Rome, lui avait préparé le terrain. Il était chargé de remettre au Pape une lettre autographe de Louis XVIII, dans laquelle le roi énumérait les motifs qui le forçaient à suspendre l'exécution de la convention de 1817.

Les instructions de M. Portalis étaient multiples. Il devait obtenir un nouveau Concordat, démontrer au Pape la nécessité d'établir en France un épiscopat qui, par l'union et l'harmonie de ses membres, mît fin à l'anarchie ecclésiastique dont les factions politiques ne tarderaient pas à profiter. Il devait mettre sous les yeux de Sa Sainteté le danger qui résulterait de sa persévérance dans un système propre à aliéner à la religion des esprits déjà si mal disposés pour elle, et à créer un schisme. Dans les instructions données à M. Portalis, il y a même le passage suivant qui démontre que la Restauration faisait, aux yeux de Rome, un épouvantail de la situation qu'elle avait créée. « Il serait à craindre que des assemblées toujours hardies et entreprenantes ne vinssent à renouveler le système mis en avant dans les dernières années du précédent gouvernement, à prétendre que l'institution doit être donnée aux évêques par les métropolitains, à provoquer un schisme, ou même à faire perdre à la religion catholique les avantages qu'elle tient de la charte qui la déclare la religion de l'Etat. Sans doute le Roi repousserait de toutes ses forces de pareilles mesures. Mais Sa Sainteté doit, ce semble, prévenir autant qu'il est en elle les difficultés que le Roi peut éprouver pour une telle cause. »

C'est afin de conjurer de si graves dangers que le comte Portalis devait décider le Pape à régulariser la situation des évêchés vacants, nouveaux et anciens, et à conclure une convention conçue de telle sorte, qu'elle pût être mise à exécution nouvelle sans le concours des chambres.

La lettre du cardinal Consalvi, citée plus haut, indique quelles étaient les dispositions de la cour romaine lorsque le négociateur français arriva à Rome. Le comte Portalis s'aperçut bientôt qu'il ne lui serait pas possible de les changer. Pie VII, en effet, se déclarait animé du très-vif désir d'être agréable au roi, mais à la condition expresse que le Concordat du 11 juin serait absolument et complétement maintenu. En vain le plénipotentiaire français essayait de changer cette résolution, en peignant à Pie VII les maux qui pourraient résulter de son inflexibilité, en mettant en avant la volonté très-déterminée du gouvernement français. Ces paroles ne servaient qu'à exciter le Pape, qui s'écriait : « On ne peut faire un mal même pour procurer un grand bien. Il faut que le Concordat sorte sain et sauf de tous ces débats. J'ai été assez long-temps en prison, je saurai bien y retourner encore !... » Et il ajoutait : « Je veux bien aller jusqu'aux portes « de l'enfer, mais non au-delà. » Puis, faisant allusion aux graves différends qui s'étaient élevés alors entre Rome et l'Allemagne, il ajoutait : « Je ne veux pas qu'on puisse dire que j'ai compromis les règles. J'aime mieux me séparer. Nous n'aurons aucun reproche à nous faire ; les principes seront sauvés. »

Plus homme d'Etat que son vénérable maître, le cardinal Consalvi sentait que cette rigueur de principes n'était pas d'une bonne politique. Il voyait bien que l'intérêt de Rome était de soutenir le Roi de France. Mais, disait-il au comte Portalis, qui lui parlait sans cesse des chambres françaises, « j'ai aussi mes chambres. Ce n'est pas seulement le Pape qu'il faudrait convertir pour être agréable à Sa Majesté, mais encore le Sacré-Collége, et je n'amènerai jamais les cardinaux à faire ce qu'ils regardent comme incompatible avec la dignité de l'Eglise et le bien de la religion. »

Après des entretiens de cette nature, le comte Portalis n'avait plus d'illusions à conserver, et en faisant connaître au cabinet des Tuileries son sentiment à cet égard, il déclarait qu'on devait renoncer à faire révoquer le Concordat du 11 juin et à en négocier un nouveau.

Ainsi, le gouvernement du roi se trouvait dans la pire des positions. Après avoir, pour obéir à des rancunes impolitiques et peu dignes de lui, sollicité durant deux années et obtenu de Rome un Concordat moins profitable au pays que celui de 1801, il se trouvait dans la nécessité d'en solliciter l'abrogation, et pour la seconde fois il se heurtait contre le *non possumus* pontifical , — pierre d'achoppement qui avait une fois cédé devant lui, mais qui désormais allait lui résister avec une invincible ténacité.

Sans doute, à première vue, on a quelque peine à comprendre qu'après avoir si longtemps résisté pour accorder ce Concordat du 11 juin, Pie VII déployât tant d'acharnement à le défendre. On s'explique difficilement ce fait singulier d'un gouvernement attaquant ·l'œuvre due à sa propre initiative, contre un gouvernement qui la défendait après qu'elle lui avait été en quelque sorte imposée. Au fond, rien de plus compréhensible. Le Concordat de 1801, même avec les articles organiques, était préférable pour le Saint-Siége à celui du 11 juin, qui avait, lui aussi, ses articles organiques dans la loi présentée durant la session de 1817. Ainsi, pour ne citer qu'un exemple, les articles organiques de 1801, quant au point délicat des appels comme d'abus, avaient, dans l'intérêt du clergé, un avantage incontestable sur la loi de 1817. Les articles organiques, en effet, attribuent la connaissance de ces sortes d'affaires au conseil d'État : le projet de 1817 les soumettait aux tribunaux ordinaires. Or, le clergé devait trouver, on le pensait ainsi à Rome, un grand avantage à la juridiction du conseil d'État. Ce grand corps, en effet, par son organisation, est, ainsi que le disait alors le duc de Riche-

lieu, une espèce de tribunal suprême qui consulte
dans ses décisions les considérations morales et politiques, tandis que les tribunaux ordinaires ne peuvent
dans leurs jugements qu'appliquer strictement les
maximes d'une jurisprudence inflexible.

La cour de Rome, alors comme aujourd'hui, im-
prouvait la doctrine du gouvernement français sur
les appels comme d'abus. Mais, n'ayant pas l'espoir
de la changer, obligée de la tolérer ou de la subir,
elle préférait aux dispositions du projet de loi celles
des articles organiques.

Au fond, elle n'eût pas mieux demandé que d'en
revenir au Concordat de 1801, même avec les conséquences dont elle avait gémi. Mais aucune proposition sur ce point n'arrivait et ne pouvait lui arriver
de la France. C'était afin de la faire surgir qu'elle
s'obstinait à demander l'exécution pure, simple, sincère du Concordat de 1817, débarrassé de tous com-
mentaires.

Cependant, la situation en France devenait de plus
en plus grave. Les évêques nommés en 1801, aussi
bien que ceux qui au moment du premier Concordat
avaient refusé leur démission au Pape et étaient ren-
trés avec les Bourbons, s'y trouvaient dans la plus
irrégulière des situations. Cette démission, tous
l'avaient donnée, afin de faciliter la négociation du
nouveau Concordat, et, après sa conclusion, le roi les
avait nommés à de nouveaux siéges. Ensuite, le
nombre des siéges étant encore plus considérable que
celui des évêques, puisque le Concordat l'avait doublé,
on avait complété le corps épiscopal par d'autres no-

minations. De ces évêques, le plus petit nombre avait eu l'institution, et le gouvernement ne les installait pas, attendant pour les uns l'institution des autres, que le Saint-Siége n'envoyait pas, et pour les autres l'adoption par les chambres françaises d'une loi qu'il savait devoir être repoussée.

C'est alors que le comte Portalis fut chargé d'engager une négociation subsidiaire, à l'effet d'obtenir le rétablissement de la circonscription des évêchés telle qu'elle avait été fixée en 1801, et l'autorisation pour les évêques titulaires d'exercer leur juridiction.

C'était le retour pur et simple à l'état de choses que la Restauration avait voulu détruire, et le seul mode pratique d'arrangement. Néanmoins, le Pape refusa, bien qu'on ne le lui présentât que comme provisoire. Même sous cette forme, il le trouvait inadmissible. Cependant, sur les observations du cardinal Consalvi, il consentit, no comme le comte Portalis l'aurait désiré, à consacrer l'arrangement par une convention nouvelle ou par des dispositions additionnelles à celles du 11 juin, mais à réinstituer les évêques de 1801 par une bulle dans laquelle il déclarait que l'exécution de la convention de 1817 se trouvait momentanément différée.

En faisant part de cette décision au comte Portalis, le cardinal, qui cherchait en toutes circonstances à établir la bonne foi du Saint-Siége, tint à constater que les torts n'étaient pas de son côté. Il récapitula les fautes commises depuis le commencement de l'affaire. Il releva les funestes conséquences du système adopté par la France dès 1814, et dont le but principal avait été non-seulement l'abrogation du Concordat de 1801, mais encore l'annulation de tous ses effets. Il rappela les efforts constants opposés par lui à ce système, qui ne tendait à rien moins qu'à effacer jusqu'au souvenir du grand acte accompli en 1801. En un mot, il démontra que tout le bon vouloir avait été du côté du gouvernement pontifical.

Mais, peu importait au comte Portalis, puisque le résultat était obtenu tel ou à peu près tel qu'il l'avait souhaité. Il croyait donc pouvoir s'en féliciter, lorsqu'à l'improviste surgit une complication nouvelle. Le Pape déclara que, tout en maintenant le parti que le cardinal avait exposé, il ne s'y arrêterait définitivement qu'après avoir consulté les évêques de France.

En toute autre circonstance, une telle condition aurait été acceptée avec joie, puisqu'elle prouvait la déférence du Pape pour l'Eglise gallicane. Mais, en ce moment, elle n'était qu'un embarras que toute l'habileté du comte Portalis ne put dissiper.

Tout ce qu'il obtint, c'est que les évêques ne seraient pas convoqués, et que leur avis serait pris isolément et individuellement. L'archevêque de Paris, mis en possession d'un bref pontifical, fut chargé de cette enquête délicate. Elle eut pour résultat une manifestation de l'épiscopat, qui adressa collectivement à Pie VII une lettre où il lui déclarait qu'il se soumettrait à ses décisions, en ne lui cachant pas toutefois son désir de voir le Concordat de 1817 entièrement exécuté.

Avant d'être adressée, cette lettre avait passé sous les yeux de Louis XVIII, qui voulut l'annoter. Il s'y plaignait du peu de confiance que les évêques de France lui avaient témoigné dans toute cette affaire, et il tâchait d'y justifier sa conduite. Pie VII, conseillé par Consalvi, ne résista plus, car, si les paroles de l'épiscopat français étaient de nature à le fixer dans l'inflexibilité, la demande personnelle du roi devait triompher. Comme il l'avait désiré, l'arrangement qu'il s'agissait de prendre ne blessait pas les principes. Théoriquement parlant, le Concordat de 1817 restait sauf; seulement, on en ajournait l'exécution. C'est dans ce sens que fut conçu et rédigé le bref d'août 1819. Pour la France c'était une victoire diplomatique apparente, puisqu'en fait le Concordat n'existait plus, alors que le pape en demandait, deux ans avant, l'exécution immédiate. Mais c'était un échec, si l'on considère que les choses se trouvaient replacées dans la situation où elles étaient avant 1817, situation que la Restauration avait voulu détruire et à laquelle elle était obligée de revenir.

Avant la publication du bref pontifical, le comte Portalis dut encore déclarer officiellement « que l'intention du roi était d'employer tous les moyens en son pouvoir pour assurer à l'Église de France un état stable et définitif; — et pour réaliser progressivement, selon les formes constitutionelles et à mesure que les ressources et l'Etat le permettraient, l'augmentation du nombre des siéges épiscopaux qui seraient reconnus nécessaires aux besoins des fidèles. »

Telle fut cette négociation, dont les détails sont peu connus, négociation longue, triste et stérile : longue, puisque, commencée au mois de juin 1814, elle ne se termina qu'au mois d'août 1819 ; triste, puisque pendant cinq ans elle laissa l'Eglise de France dans une situation indigne d'elle et préjudiciable à la religion ; stérile, puisqu'elle ne put aboutir à aucun résultat pratique et qu'on dut en revenir à ce qu'on avait voulu délaisser. Du moins, elle démontra la grandeur du Concordat de 1801. Elle en établit le maintien d'une manière définitive, et au fond on sentait que ce maintien était encore le meilleur des partis. Telle était la pensée du comte Portalis. « Laissons entendre, disait-il, qu'un arrangement définitif reste à conclure. D'autant mieux qu'il n'y aura pas de longtemps à en venir à cet arrangement, pour lequel il faudra aborder une question à peu près insoluble, celle des articles organiques. »

Quant au cardinal Consalvi, la négociation au début de laquelle il n'avait pas assisté, mais qu'il avait plus tard suivie jusqu'à son terme, démontra une fois de plus son habileté. Après avoir si laborieusement conclu le Concordat de 1801, il devait y tenir comme à son œuvre de prédilection. Toutefois, il tenait plus encore à l'anéantissement des articles organiques, et l'espoir de voir son désir réalisé l'avait seul décidé à la conclusion du Concordat de 1817. Mais le Saint-Siége étant obligé de subir, sous une forme ou sous une autre, des articles organiques, et préférant encore ceux de 1801 à ceux de 1817, Consalvi pouvait se dire, puisqu'en résumé le premier Concordat était maintenu, que sa politique avait été prévoyante et habile. Jamais la diplomatie française ne s'aperçut mieux qu'en cette occasion qu'on peut rencontrer à Rome des hommes d'État. Il est vrai qu'on en trouve rarement de la valeur de Consalvi, et M. Portalis ne pouvait lutter contre un plus brillant adversaire.

IX

CONSALVI JUSQU'A SA MORT.

1814 — 1824

Les longues négociations que nous venons de réunir dans un même récit, afin de leur donner plus d'intérêt, n'avaient occupé qu'une part de la vie politique de Consalvi, et maintenant qu'on sait comment il s'en était tiré avec les affaires de France, il importe de le suivre dans d'autres non moins épineuses.

Durant les années qui suivirent, tous les efforts de Consalvi n'eurent qu'un but : échapper à l'influence autrichienne. En vain le prince de Metternich s'était à Vienne étroitement lié avec lui; le cabinet de Venise en 1815 ne partageait plus les idées du cabinet de 1798; Rome ne recevait de l'Autriche que des satisfactions, et néanmoins Consalvi se tenait sur la défensive,

comme s'il eût craint de retomber trop tôt sous cette
influence qu'il sentait dangereuse pour l'Église. L'empereur d'Autriche vint à Rome déposer aux pieds du
Pape l'hommage de son respect. On engageait le cardinal à se rendre à Venise au devant du souverain. Il
repoussa fièrement ces insinuations et ne voulut pas
aller au-delà des portes de la ville éternelle. C'est là
qu'il reçut François Ier, sans courtisanerie d'aucune
espèce. Plus tard, on vit arriver successivement à
Rome le grand-duc Michel, père de l'empereur de
Russie, le roi de Prusse, le roi des Deux-Siciles, et
jamais Consalvi ne se départit de sa froideur politique,
qui n'excluait pas chez lui l'exquise urbanité à laquelle il devait en Europe de si vives sympathies.

Depuis son retour, les affaires se pressaient, sollici-
tant à tout instant un examen attentif et en définitive
une solution. Ce fut au milieu des préoccupations les
plus graves qu'il conclut des Concordats avec le Pié-
mont, la Prusse, les Deux-Siciles, et la Russie pour le
royaume de Pologne. En même temps, il ramenait
auprès du Pape le cardinal Maury, qui devait mourir
si prématurément du coup que lui porta l'ingratitude
des Bourbons : bien que Pie VII et Consalvi eussent
eu à se plaindre de lui de 1810 à 1814, ils n'oublièrent
jamais qu'on lui devait en partie le résultat du conclave de Venise.

Consalvi traitait avec la France, par l'entremise de
l'illustre Canova, la restitution des œuvres d'art dont
le traité de Tolentino avait dépouillé les collections
romaines, et il voyait revenir des richesses autrefois
enlevées au Saint-Siége. Il avait même le bonheur de

pouvoir user de générosité, car Canova lui écrivant de Paris qu'il avait exaucé le vœu de Louis XVIII, de garder quelques morceaux d'art précieux et déjà populaires en France, Consalvi lui répondit : « Loin d'être en peine pour avoir pris sur vous de faire de pareils dons, félicitez-vous d'avoir deviné les volontés du Saint-Père. »

Enfin, il défendait contre les défiances des grands gouvernements européens la famille Bonaparte, qui avait trouvé dans Rome un asile inviolable. Ici, nous ne résistons pas au désir d'emprunter quelques fragments éloquents à la correspondance de Consalvi. Dans une lettre dont nous avons déjà cité un extrait, Pie VII, après avoir rappelé au cardinal que le Concordat de 1801 avait été un acte chrétiennement et héroïquement sauveur, demandait en ces termes que l'exil de Bonaparte fût adouci.

« La mère et la famille de Napoléon font appel à notre misericorde et générosité ; nous pensons qu'il est juste et reconnaissant d'y répondre. Nous sommes certain d'entrer dans vos intentions en vous chargeant d'écrire de notre part aux souverains alliés et notamment au prince régent, qui nous a donné tant de témoignages d'estime. C'est votre cher et bon ami, et nous entendons que vous lui demandiez d'adoucir les souffrances d'un pareil exil. Ce serait pour notre cœur une joie sans pareille que d'avoir contribué à diminuer les tortures de Napoléon. Il ne peut plus être un danger pour quelqu'un ; nous désirerions qu'il ne fût un remords pour personne. »

Au reçu de cette admirable lettre, Consalvi use de

son influence à Londres, à Paris et à Vienne. Puis, en toute occasion, il entre dans les vues de son maître. L'exilé de Sainte-Hélène demande un prêtre. Consalvi se hâte de lui en envoyer un, et la mère de l'Empereur, pénétrée de reconnaissance, l'en remercie en termes touchants. Au mois de mai 1818, le célèbre écrivain Alexandre Verri écrit contre Napoléon un pamphlet brûlant. Consalvi l'apprend et, de concert avec Pie VII, il fait tout pour en empêcher la publication. Il écrit à Londres à la duchesse de Devonshire, et citer ses paroles c'est rendre un éclatant hommage au vénérable Pie VII et au héros de ce livre. La cour romaine a été injustement décriée. Dans une œuvre où le blâme ne lui a pas manqué, il faut, pour rendre hommage à la vérité, rappeler aussi tout ce qui est à sa gloire.

« Le Saint-Père, écrit le cardinal, après ma seconde audience d'affaires, a eu la bonté de me faire de nouveau appeler ; puis il m'a dit : « Nous nous sommes fait rendre compte par le cardinal Gateffi et par di Gregorio du manuscrit que le comte Verri vous a chargé de nous présenter. Ce manuscrit contient des passages admirables et quelques erreurs de détails à peu près insignifiantes. Mais arrangez les choses de manière qu'il ne voie pas le jour. Napoléon est malheureux, très-malheureux. Nous avons oublié ses torts, l'Eglise ne doit jamais oublier ses services. Il a fait en faveur de ce Siége ce que nul autre peut-être, dans sa position, n'aurait eu le courage d'entreprendre. Nous ne lui serons point ingrat. Ce livre pourrait aller à Sainte-Hélène, et les Anglais auraient bien soin de le mettre sous les yeux de Napoléon, en lui apprenant que j'en ai autorisé la publication. Savoir que cet infortuné souffrirait par nous est déjà presque un supplice, surtout au moment où il demande un prêtre pour se réconcilier avec Dieu. Nous ne voulons, nous ne pouvons, nous ne devons participer en rien aux maux qu'il endure ; nous désirons, au contraire, du plus profond de notre cœur, qu'on les allége et qu'on lui rende la vie plus douce. Quand vous écrirez à votre ami le prince régent, demandez-lui cette grâce en mon nom, et faites dire au fils du comte Verri de garder dans son archive cet ouvrage, absolument inutile à la gloire paternelle. »

« Je vous copie, madame la duchesse, mot pour mot, les paroles textuelles du Saint-Père, avant de les transmettre au prince régent. Je suis heureux de vous en offrir la primeur. Un retour offensif de Bonaparte en Europe est maintenant impossible. Ne serait-il pas temps d'adoucir sa captivité et de moins ulcérer cette âme qui doit avoir de si douloureuses amertumes? Je vais, dans ma prochaine lettre au prince régent, lui parler à cœur ouvert au nom du Très-Saint-Père ; mais mon ami, comme le Pape me fait la grâce de l'appeler, n'est guère libre de ses mouvements. Je tâcherai néanmoins de remplir de mon mieux l'ordre et surtout le vœu du Saint-Père. Soyez assez bonne pour me seconder, et peut-être arriverons-nous à quelque chose de bien. »

Des traits pareils suffisent pour révéler un grand homme et un grand cœur.

Cependant, malgré les efforts de quelques Romains

envieux de la renommée européenne de Consalvi, la confiance du Pape en son ministre semblait s'accroître de jour en jour. Si l'énergie de Pie VII eût égalé sa confiance, le cardinal eût fait dans les affaires intérieures d'aussi grandes choses que dans les affaires extérieures. Les premières n'étaient pas les moins graves, car les obstacles se dressaient de toutes parts, sans cesse renaissants. Être seul le maître ne suffisait pas; il fallait l'être à deux, et c'est ce qui manqua à Consalvi.

En arrivant avec Pie VII, à Rome, après la chute de Napoléon, le cardinal Pacca, chargé du gouvernement pendant l'absence de Consalvi, avait eu le tort de faire table rase de tout ce que les Français, depuis 1809, y avaient fondé. De ce que les institutions nouvelles étaient dues à des hommes qu'on considérait comme des ennemis, il n'en résultait pas qu'aucune d'elles ne fût bonne. La France avait conservé le gouvernement de Rome durant quatre années et n'y avait fait que du bien. La conscription s'opérait avec ménagement. Des droits réunis français, on n'avait que l'octroi et la marque de garantie pour les matières d'or et d'argent. L'impôt était modérément appliqué. L'application des lois françaises appropriées aux mœurs du pays avait eu de bons résultats, et cette source de bienfaits, il eût été habile de ne la point tarir par des mesures réactionnaires, car dans ces réformes, il y avait la base de celles qu'on n'avait pu accomplir de 1801 à 1805.

Assurément, telle eût été la politique de Consalvi, s'il eût été présent. On ne peut en douter, si on se souvient que ces réformes, il les avait promises au congrès de Vienne. Aussi, dès son retour à Rome, n'eut-il rien de plus pressé que de décider le Pape à tenir la promesse faite en son nom, et le 6 uillet 1816 parut un *motu proprio* demeuré célèbre et qui, assurant aux Romains l'adoption de modifications nombreuses, annonçait un Code civil, un Code de procédure, un Code de commerce, un Code pénal, qui devaient être rédigés sur le modèle de ceux de France. Ce même manifeste divisait les Légations en districts, les districts en municipalités ; organisait l'enregistrement, le système hypothécaire, définissait nettement les attributions des tribunaux, et déclarait que désormais les agents du pouvoir seraient responsables. Qu'à cela vînt s'ajouter l'admissibilité générale des laïques aux fonctions administratives et judiciaires, une représentation nationale, et l'Etat romain se trouvait en possession d'une législation qui n'avait rien à envier à aucun autre pays.

Mais, hélas! la plupart de ces promesses les plus importantes restèrent à l'état de promesses. On vit se perpétuer dans les Légations les abus de toutes sortes, la confusion des pouvoirs ; les emplois publics supérieurs demeurèrent inaccessibles aux laïques. L'armée se recruta sans discernement, et au lieu d'un corps homogène et patriotique, on n'eut que les éléments d'une armée de mercenaires. Le vieux parti romain releva la tête et la réaction menaça de triompher. Autant qu'il le put, Consalvi résista. Il essaya de ne pas se laisser entraîner par ce courant. Mais personne ne le soutenait. Le Pape lui-même, peu convaincu de la nécessité des réformes, de leur importance, de leur opportunité, ne lui donnait aucun secours sur ces questions, bien plus préoccupé de rétablir les ordres religieux, et notamment les jésuites dans lesquels il comptait trouver d'intrépides défenseurs, que de suivre les conseils que Consalvi avait recueillis au congrès de Vienne. Toutes les difficultés qui s'étaient élevées en 1801 devant le secrétaire d'Etat, soucieux d'opérer des réformes, étaient là, de nouveau, plus âpres, plus invincibles que par le passé.

Ceux qui les provoquaient avaient déployé, dans les tristes jours qu'on venait de traverser, un dévouement sans bornes, un courage louable. Pacca lui-même était à leur tête, et c'étaient eux qui disaient au Pape avec une autorité incontestable : « On vous demande des réformes, c'est pour vous affaiblir.» Consalvi dut se résigner à laisser passer le torrent.

Qu'on se figure maintenant un pays longtemps asservi sinon de corps, du moins d'intelligence ; bercé dans le gouvernement de prêtres esclaves de l'usage et de la tradition, et puis, tout à coup, mis par deux fois, en vingt ans, en contact direct avec les hommes et les choses de la Révolution française; qu'on se figure les portes de l'Etat romain ouvertes ainsi, malgré tout, par les souvenirs ou l'expérience de chacun, à l'influence étrangère ; un malentendu s'établissant par l'impatience trompée des uns et par la résistance maladroite des autres, entre les populations pontificales et leur gouvernement, celles-ci demandant des réformes promises, celui-là les différant ; l'abîme se creusant de plus en plus ; le gouvernement poussé à sévir ; un jour,

frappant toute une ville, Sonnino, où s'étaient réfugiés
des brigands ; un autre jour, fulminant une bulle contre
la secte des carbonari, qui dès ses débuts aurait été
atteinte d'un coup mortel, si le pouvoir romain avait
été plus libéral qu'elle, au lieu de se dépopulariser
chaque jour. Au milieu de ces fautes manifestes, qu'on
regarde se glisser les coups des ennemis de l'Eglise,
qu'on examine ces divers côtés de la situation, et
l'on se convaincra que le mal fut bientôt pire que
jamais. En 1824, l'avénement de Léon XII ayant
établi plus sûrement encore l'influence des hommes
opposés à toute réforme, ce mal devint absolument
irréparable.

Il n'y a pas lieu de raconter ici les dramatiques
événements qui survinrent depuis. Mais on peut
affirmer que, de 1831 à 1865, la solution de la question romaine s'est lentement préparée au milieu de
crises et de difficultés. Cette solution a deux faces :
elle sera ce que le gouvernement pontifical voudra
qu'elle soit, comme nous l'indiquerons dans le chapitre suivant, en terminant ce long récit des grandeurs
et des vicissitudes de la papauté.

Ce qui précède a peint, croyons-nous, les grands
côtés de la situation. Elle fut telle durant tout le second ministère de Consalvi. Aussi, de guerre lasse, il
abandonna bientôt à leur propre destinée les affaires
intérieures, se contentant de maintenir l'ordre, d'assurer les frontières, de faire à Pie VII une existence
calme, et, pour le reste, il s'en remit à Dieu. Les affaires de l'extérieur, comme nous l'avons dit, suffisaient
à son activité, et puis autour de lui tout lui souriait.

Ses ennemis, satisfaits sur un point, s'étaient plongés dans l'ombre, ses amis triomphaient avec lui, et quels amis! Nous les avons déjà nommés!

Le cardinal était alors à l'apogée de sa gloire. Rome était, par ses soins, devenue la plus aimable ville du monde. Les étrangers y affluaient de toutes parts, et chaque matin Consalvi recevait les hommes les plus illustres de l'Europe. Les rois correspondaient avec lui ; son ami George d'Angleterre le comblait de faveurs et d'attentions, que la modestie du cardinal lui faisait repousser. Un jour, il reçoit de Londres une soutane en soie des Indes, une surprise charmante. Il l'endosse sans en remarquer la richesse, et les compliments qu'il reçoit de ses collègues peuvent seuls attirer son attention. Il sourit en rougissant, puis va quitter ce somptueux vêtement et en fait don à une communauté religieuse. Sa vie est pleine de traits de ce genre. Et ses reparties, on les cite encore dans Rome, et il en avait d'adorables. Après 1815, il est un matin, dans son palais, assiégé de solliciteurs, parmi lesquels il reconnaît d'anciens persécuteurs de son maître. Il s'étonne de les voir, et le leur dit : «Le Pape nous a pardonné, répondent-ils. — Sans doute, reprend Consalvi, mais pour ne pas vous punir, et non pas pour vous récompenser. »

Les artistes venus à Rome alors étaient toujours reçus en amis par le cardinal. Thorwaldsen, qui plus tard devait sculpter son tombeau, Lawrence, envoyé par le roi d'Angleterre pour faire son portrait aujourd'hui à Windsor, Canova, naguère revenu de Paris, Rossini, jeune encore, durent à sa bienveillance plus d'un succès. Cimarosa avait été l'ami de son cœur. On ne peut lire sans être touché une lettre par laquelle le duc de Mecklembourg-Strélitz rappelle au cardinal que, à Vienne, il lui a promis l'*Artemisa* de ce grand maître. Consalvi se presse de la lui envoyer, et il envoie d'autres partitions au roi de Prusse. Le cardinal adorait la musique. Stendhal, dans ses *Promenades dans Rome*, rapporte à ce sujet le fait suivant :

« On a vu peu d'hommes aussi sensibles à la musique que le cardinal Consalvi ; il allait assez souvent, le soir, chez madame l'ambassadrice de *** ; là, il rencontrait un jeune homme charmant qui savait par cœur une vingtaine des plus beaux airs de l'immortel Cimarosa ; Rossini, car c'était lui, chantait ceux que lui demandait le cardinal, tandis que S. E. s'établissait commodément dans un grand fauteuil, un peu dans l'ombre. Après que Rossini avait chanté quelques minutes, on voyait une larme silencieuse s'échapper des yeux du ministre et couler lentement sur sa joue.

« C'étaient les airs les plus bouffes qui produisaient cet effet ; le cardinal avait tendrement aimé Cimarosa, et en 1817 il fit faire son buste par Canova. La réaction ultra a exilé, dans une petite chambre obscure, au Capitole, ce buste qu'on voyait au Panthéon, avec cette inscription : *A Domenico Cimarosa, Ercole cardinale Consalvi.* »

Signe d'une fine et poétique nature, le cardinal aimait aussi les fleurs. Les jardins de sa villa étaient renommés. Le duc d'Orléans, plus tard Louis-Philippe, qui avait de fort belles serres, désirait reconnaître un service que le cardinal lui avait rendu. « Envoyez-lui des fleurs, lui dirent M. de Talleyrand et la duchesse de Devonshire. »

Pour se bien rendre compte de la réputation de Consalvi à cette époque, il suffit de parcourir les lettres qui lui étaient adressées. Nous devons de les connaître à l'infatigable M. Crétineau-Joly, qui les a publiées dans son introduction aux Mémoires du cardinal. Citons seulement ce fragment de celles du prince de Metternich ; à tous les points de vue il est curieux :

« L'Empereur attache une haute valeur à la marche que le Saint-Père suivra envers les carbonari. Cette secte, composée de bien plus d'aveugles que de clairvoyants, doit être attaquée par toutes les armes à la fois. Tout ce que votre Éminence pourra me dire des vues de Sa Sainteté sur cet important sujet nous servira d'éclaircissements précieux et de guide, et sera regardé par moi en particulier comme une preuve de confiance, qui, certes, ne sera pas perdue pour la bonne cause.

« Un point essentiel à assurer pour tous les cas, c'est les archives secrètes. Les coquins se battent plus en 1820 avec des lignes écrites qu'en lignes serrées.

« Restez fort chez vous, Monseigneur. Tombez à bras raccourcis sur les fous et sur les scélérats ; écrasez les intrigants, et vous diminuerez les intrigues. Comptez en toute occasion et en toute sûreté sur l'appui que la bonne cause trouvera chez nous. Rien ne fera devier l'Empereur de sa ligne ; il restera ce qu'il est, ferme en justice et fort en exécution. Nos moyens

13.

sont intacts ; nous entrevoyons le mal, nous savons où
il se trouve, et nous le combattrons partout où nous le
verrons s'élever. »

Consalvi remerciait le prince de ses bons conseils,
mais il demeurait sur la réserve. Il savait que la déférence de l'Autriche envers Rome n'aurait jamais
pour mobile que ses propres intérêts, et l'expérience
lui avait appris que c'est en ne faisant point d'avances
qu'il obtiendrait de voir le Saint-Siége devenir l'objet
des obsessions du cabinet de Vienne. Il préférait le
rôle de sollicité à celui de solliciteur.

Il serait trop long de citer d'autres lettres : le nom
des signataires est à lui seul éloquent. Humboldt, Murat, le prince Borghèse, le comte de Lobau, Canova,
le baron de Gentz, le prince de Wurtemberg, l'empereur Alexandre, M. de Nesselrode, le prince de
Hardenberg, le comte de Rechberg, lord Castelreagh,
lord Ellenborough, le roi Louis XVIII, le duc De-
cazes, le prince de Kaunitz, le chevalier de Niebuhr,
madame d'Albany, M. de Blacas, la princesse Caro-
line de Danemark, le roi Louis, le roi de Bavière,
Lawrence, M. de Villèle, Chateaubriand, le prince de
Prusse, le roi Guillaume, le duc de Bedfort, le duc de
Montmorency, le comte Appony, le roi George IV,
tels sont les correspondants habituels de Consalvi. Ils
lui tiennent lieu de famille, relations d'un jour, qui
toutes lui rappellent un doux souvenir de sa longue
carrière diplomatique, deviennent pour la plupart de
solides amitiés.

Ainsi, sa vieillesse était glorieuse, et au milieu des
amertumes dont son cœur se remplissait quelquefois

à la vue d'une partie de son œuvre échouée, des attaques dont le Saint-Siége était l'objet, et de son impuissance à les combattre, elle était encore une douce
compensation et couronnait dignement sa vie. Il
voyait en quelque sorte l'immortalité se faire autour
de son nom. Il avait sa page dans l'histoire, et il connaissait trop sa propre valeur pour se dissimuler la
grandeur et la beauté de cette page. Une fois par semaine, il réunissait chez lui le corps diplomatique, le
sacré collége, les étrangers de distinction. Rossini,
Lamartine et d'autres eurent l'honneur de s'asseoir à
sa table, et tous le quittaient charmés. Aussi, peut-on
justement dire de lui qu'il fut à Rome, de 1815 à 1823,
le lien qui unissait la société européenne au Saint-
Siége, un conciliateur qui attira à la cause romaine
les sympathies de ceux qui avaient été ses ennemis.

C'est ainsi que les années s'écoulèrent. Au commencement de 1823, la santé de Consalvi, déjà gravement
altérée, fut tout à fait menacée. Cette existence active,
préoccupée, tourmentée, lui avait peu à peu brûlé le
sang, maladie ordinaire aux natures surmenées. Durant le mois de mars, il dut s'aliter. Cependant, son
intelligence, loin de s'affaiblir, semblait recouvrer une
nouvelle vigueur. Dès qu'il fut convalescent, il se fit
porter chez le Pape, qui fréquemment, durant la maladie, s'était rendu auprès de lui et l'avait toujours
trouvé expédiant les affaires sur une table basse, à côté
de son lit. Bientôt il put marcher, et comme on le félicitait, il secoua doucement la tête : « Nous nous en
allons, le Pape et moi, dit-il. » Il ne se trompait pas.

Pie VII était alors dans sa quatre-vingt-deuxième

année, et régnait depuis plus de vingt-trois ans. L'âge
et les émotions l'avaient affaibli. Il n'était plus que
l'ombre de lui-même. Privé de force, il avait en quelques mois subi deux chutes, et on s'attendait d'un
jour à l'autre à le voir se coucher pour ne plus se relever. Il tint cependant un consistoire le 16 mai, où
M. de la Fare reçut le chapeau. Mais, depuis, on ne
le vit qu'une fois passer en voiture dans les rues de
Rome. Le 6 juillet, étant resté seul un moment, il
voulut aller de son fauteuil à un cordon de sonnette.
Il glissa sur le parquet et se cassa le col du fémur.
Cet accident redoubla sa faiblesse, et dès lors il n'y
eut plus d'espoir. Cette nouvelle se répandit dans
Rome et y causa une profonde émotion.

La ville entière était sous la funeste impression que
devait produire l'attente du fatal événement, lorsque,
dans la nuit du 15 au 16 juillet, un incendie dévora
l'une des plus belles églises de Rome, Saint-Paul-
hors-les-murs. La maladie du Pape traîna environ
six semaines. Consalvi ne le quitta pas, et comme le
Pontife n'avait pas perdu connaissance, il lui transmettait les lettres qui apportaient de toute l'Europe
des vœux pour son rétablissement. Dans la soirée
du 19 août, le délire le prit, et il mourut le 20 au
matin. Au milieu des prières que ses lèvres balbu-
tiaient, on distingua ces deux noms : Savone!... Fontainebleau !...

Dans un livre déjà nommé, Stendhal rapporte que
Consalvi, désireux de nommer le nouveau Pape et de
conserver le pouvoir, cacha d'abord la mort de Pie VII
et voulut empêcher les cardinaux d'entrer dans la

chambre funèbre. C'est une fable **absurde** qui ne supporte même pas l'examen. Sans parler de l'impossibilité matérielle d'un tel manége, il suffit de dire que Consalvi venait de perdre son meilleur ami. Et à défaut de son grand caractère, l'immensité de sa douleur éloigne toutes les accusations d'intrigue ou d'ambition en un pareil moment. Avec le Pape, ses pouvoirs expiraient : il s'en déchargea entre les mains du sacré collége, et demeura étranger aux affaires d'Etat, qui d'ailleurs furent interrompues jusqu'à l'élection du nouveau Pape.

Dès ce jour, il comprit que sa tâche était accomplie. Il avait été trop longtemps le collaborateur du Pape qui venait de mourir pour rester celui du Pape qui arrivait. Puis, l'ingratitude des Romains envers lui venait d'éclater, sa puissance ayant disparu. Elle vint ajouter aux maux dont son cœur était atteint. Il n'eut plus de force que pour former un désir : le désir de suivre Pie VII au tombeau. Les consolations, cependant, ne lui manquèrent pas. Le duc de Montmorency-Laval, ambassadeur de France, lui écrivait la lettre qui suit :

« Monseigneur, je n'ai pas osé interrompre les premiers moments de votre douleur. Personne ne sent plus que moi, je l'atteste à votre Excellence, et ne partage davantage tous les sentiments dont son cœur doit être déchiré. Votre Excellence a perdu un père, un ami de vingt-quatre ans, à qui elle a rendu plus de services qu'elle n'en a reçu de confiance et de bonté. C'est un ange dans le ciel qui prie à présent pour la conservation des jours de votre Excellence. Ces jours sont nécessaires, absolument nécessaires pour le bien de son pays, et vos lumières, Monseigneur, rendront encore de grands et d'éminents services à la patrie. C'est ainsi que je le pense, que je me plais à le déclarer ici et à Paris.

« De grâce, Monseigneur, par bonté pour vos amis, par attachement pour votre patrie, épargnez votre santé, soignez-vous, modérez votre douleur, et croyez qu'elle est dans le cœur de vos amis, et je m'honore de ce titre. »

A ce noble langage, le comte d'Appony joignait le sien, non moins noble et non moins flatteur. Puis, de toutes les capitales de l'Europe arrivait à Consalvi l'expression de l'estime que tous ceux qui l'avaient connu ressentaient pour lui,—témoignages dont l'historien a le droit de s'emparer pour l'honneur de cette grande mémoire, mais qui ne suffisaient pas à le faire sortir de la torpeur mortelle dans laquelle il était plongé. Aux jours de gloire et d'éclat les jours de deuil succédaient. Consalvi n'entendait autour de lui que des paroles d'accusation, et ne trouvait au sein du Sacré-Collége d'autre défenseur que le cardinal Fesch, qui rachetait ainsi tous ses anciens torts envers le ministre de Pie VII.

Néanmoins, Consalvi ne déserta aucun de ses devoirs; il voulut prendre part au Conclave qui allait s'ouvrir, mais il y conserva l'attitude fière qu'on lui connaît. Ce conclave, commencé le 2 septembre 1823, dura vingt-six jours. Deux candidats se trouvaient sérieusement en présence : Castiglioni et della Genga. Consalvi souhaitait l'élection du premier, dans lequel il voyait un continuateur de la politique de Pie VII.

et lui donna sa voix. Le second fut élu, il le fut contre
son propre gré, car sa santé était profondément altérée,
et à ceux qui voulaient le porter au trône pontifical il
avait dit : « N'insistez pas, vous éliriez un cadavre. »
Mais on ne tint pas compte de ses paroles, et, le 28
septembre, son nom sortit victorieux de l'urne électo-
rale. Le parti modéré était vaincu.

La politique suivie par Consalvi, et qui lui avait
donné pour ami des protestants et des schismatiques
en les ralliant à la cause pontificale, était condam-
née, puisque Léon XII appartenait au parti réactionnaire et qu'il choisit pour ministre le cardinal della
Sommaglia, vieillard ambitieux, mais sans grande
valeur, ce qui pouvait signifier que le nouveau Pape
comptait gouverner lui-même.

Les ennemis de Consalvi triomphaient doublement,
d'abord parce que le Pape élu n'était pas celui qu'il
avait espéré, et ensuite parce que cet élu avait eu,
comme on s'en souvient, de graves difficultés avec le
secrétaire d'Etat de Pie VII. On espérait qu'il ne l'ou-
blierait pas.

Mais Léon XII s'était promis d'inaugurer son pontificat par un acte éclatant, et le jour où, pour la première fois, il officia dans Saint-Pierre, il donna publiquement le baiser de paix à Consalvi, qui l'assistait
comme cardinal diacre. Ce fut un spectacle émouvant,
et on entendit sous les voûtes de la vieille église ces
paroles qui résumaient les impressions de tous :
« Comme ils ont été beaux tous les deux ! » Les ennemis de Consalvi étaient vaincus. Léon XII avait oublié les griefs du cardinal della Genga.

Il y eut une rumeur dans Rome lorsqu'on connut la réconciliation du Pape et du cardinal. Ceux qui ne pardonnaient pas à ce dernier d'avoir maintes fois traité avec des puissances non catholiques, et qui, par-dessus tout, lui faisaient un crime d'être demeuré vingt-trois ans au pouvoir, recommencèrent à se dépiter.

Leur joie avait été de courte durée. Sa charge de préfet des brefs lui donnait le droit de voir le Pape deux fois par semaine, et c'était assez pour que celui dont les manières et le langage étaient si séduisants qu'on l'avait surnommé la *sirène*, reprît sous le pontificat nouveau la faveur qu'il n'avait cessé de garder durant le pontificat précédent.

Mais Consalvi se chargea lui-même de dissiper les craintes de ses ennemis, et au lendemain du conclave il se retirait dans sa villa de Porto d'Anzio, afin d'y réparer ses forces épuisées. Dès ce moment jusqu'à sa mort, il ne cessa d'habiter cette résidence, ne venant à Rome qu'autant que ses affaires l'y amenaient. La principale de toutes était l'érection du tombeau de Pie VII.

Mu par un sentiment qui aurait été de l'orgueil s'il n'eût été l'expression d'une amitié sans bornes, Consalvi avait résolu d'élever à la mémoire de Pie VII un monument digne des grands événements que ce pontife avait traversés avec tant de courage. Dans son testament en date du 1er août 1822, c'est-à-dire avant la mort de Pie VII, Consalvi s'exprime en ces termes :

« Considérant qu'il serait grandement inconvenant

qu'un pontife de tant de célébrité, qui a si bien mérité de l'Eglise et de l'Etat, comme Pie VII, n'eût point après sa mort (puisse Dieu prolonger ses jours!) un tombeau dans la basilique vaticane, comme semble l'indiquer la médiocrité des revenus qu'il laisse à ses neveux; mu par mon dévouement et mon attachement à sa personne sacrée, inspiré par la reconnaissance que je lui dois comme premier cardinal de sa création, comblé des bienfaits de sa souveraine bonté, j'ai résolu de lui faire ériger un mausolée à mes frais dans la susdite basilique. Dans ce but, j'ai tâché de faire des économies sur les dépenses annuelles destinées à mon entretien, et de réunir une somme de vingt mille écus romains. Si je mourais avant Sa Sainteté, comme je le désire, mon héritier fiduciaire reste chargé de consacrer la somme fixée à l'érection de ce tombeau, dont l'exécution sera confiée au célèbre marquis Canova, et, à son défaut, au célèbre chevalier Thorwaldsen, et, si celui-ci ne pouvait l'exécuter, à l'un des meilleurs sculpteurs de Rome. L'inscription suivante sera gravée sur le tombeau :

« *Pio VII, Chiaramontio, Cœsenati, Pontifici Maximo, Hercules, Cardinalis Consalvi, Romanus, ab illo creatus.* »

Pie VII était mort avant lui, et Consalvi avait confié le monument à son ami Thorwaldsen, le statuaire danois. Il en conférait fréquemment avec lui; il aimait cette œuvre dont il avait lui-même dressé le plan, et qui transmettrait à la postérité son nom uni à celui de Pie VII. Trois statues devaient décorer le tombeau. Au milieu, celle du Pape, d'un côté, la *force,* de l'autre, la *sagesse,* éloquente allégorie dans laquelle est symbolisé tout ce pontificat si grand et si tourmenté.

En dehors de cette préoccupation, le cardinal, ayant absolument renoncé aux affaires, ne s'occupait que de ses fleurs, l'unique plaisir qu'il se fût jamais permis.

Ainsi, sa vie était devenue humble et modeste, après avoir été éclatante et glorieuse. Il recevait quelques visiteurs, et l'un d'eux, qui plus tard devait publier ses *Mémoires,* retrace comme il suit l'impression qu'il éprouva lorsqu'il fut conduit chez le grand homme d'Etat par le cardinal Bernetti :

« Triste et pâle, mais s'occupant toujours des autres avec les attentions les plus affables, il ne parla que du petit nombre d'amis restés fidèles à son souvenir. Il nous entretint des douces vertus de Pie VII, des vastes desseins de Léon XII, que sa foi de plus en plus vivace saluait comme le maître de la parole et de la conduite, puis il discourait sur la mort qu'il voyait approcher sans crainte comme un jour de repos après de pénibles labeurs. »

Mais, tandis qu'en se sentant mourir il se désintéressait de plus en plus de tout ce qui l'avait passionné, les yeux de Rome étaient fixés sur lui. Après un ministère aussi long qu'éclatant, on ne pouvait croire qu'il eût renoncé à reconquérir son ancienne grandeur. On disait que la direction des affaires était sa vie, le pouvoir son élément. On prévoyait sa rentrée à la secrétairerie d'État; les ministres des puissances l'annonçaient à leurs gouvernements; quelques membres du Sacré-Collége la redoutaient, et Léon XII la désirait. On voyait même certains personnages se préparer les faveurs du futur ministre, et s'efforcer de lui être agréable en traitant avec peu de ménagements le cardinal della Sommaglia qui l'avait remplacé.

Ce mouvement que Consalvi n'ignorait pas était une revanche éclatante, un commencement de justice. Mais il ne désirait pas le voir aboutir. Il avait jugé Léon XII. Il savait qu'après lui la cour romaine avait trouvé son maître, et il était décidé à ne remonter sur la scène qu'il avait remplie qu'autant que sa présence y serait indispensable.

Tout à coup, cette éventualité parut devoir se produire. La santé de Léon XII, profondément altérée, déclina de façon à donner des inquiétudes. Ce ne fut qu'une fausse alerte. Mais, durant deux semaines, Rome eut la physionomie des journées qui précèdent la mort d'un pape : les partis s'agitaient; les représentants des puissances demandaient des instructions à leurs gouvernements. Consalvi vit de nouveau se réunir autour de lui les cardinaux qui, dans le précédent conclave, avaient voulu élire Castiglioni. Mais déjà lui-même se sentait condamné. Il ne se prononçait pas. Il attendait, se demandant s'il verrait encore l'Eglise sans vicaire, et le duc de Montmorency-Laval écrivait : « Consalvi n'a pas pris de couleur. »

Toutefois, le Pape ne devait pas encore mourir. Le 25 décembre il éprouva un grand soulagement, et, comme si la crise qu'il venait de traverser lui eût porté conseil, il exprima le désir de voir Consalvi.

Le cardinal s'arracha à son lit, et, soutenu par son fidèle ami Bernetti, qui était venu, plein de joie, lui apporter les paroles du pontife, il se fit transporter de Porto d'Anzio à Rome.

L'entrevue qui eut lieu entre le Pape et le cardinal est un épisode touchant de cette vie si pleine. Environ trente ans auparavant, Consalvi s'était aussi rendu auprès d'un pape mourant. Il avait vu Pie VI prisonnier, et prêt à être délivré par la mort de ses lourdes chaînes. Mais, alors, lui-même était jeune, plein de confiance dans l'avenir. A présent, cette confiance même l'abandonnait, non cependant en ce qui touchait l'avenir de la papauté. Il ne put se mettre aux pieds du pontife, mais il lui exprima son bonheur de le voir.

Celui-ci lui serra silencieusement la main. Puis, il l'interrogea sur les grandes questions qui touchaient de près les intérêts du Saint-Siége, et durant une heure Consalvi répondit à tout et sur tout avec une lucidité merveilleuse. Ce qu'il dit au Pape ce jour-là, ce fut véritablement son testament politique. Tous les points importants de la politique romaine furent examinés par lui l'un après l'autre, et jamais il ne s'était révélé diplomate plus habile, homme d'Etat plus consommé.

Il engagea le pape à conserver de bonnes relations avec le gouvernement français.

« Il faut devenir, dit-il, l'ami le plus intime du frère du roi sans offenser Louis XVIII ; car Votre Sainteté et le roi, vous avez besoin l'un de l'autre. Les rois de France sont les maîtres, par leur influence, du Le-

vant, où tant de catholiques souffrent d'horribles ava-
nies. »

La situation des catholiques d'Amérique, de Russie,
d'Irlande, fut ensuite soumise par lui à la sollicitude
du Saint-Père. Dans ces dernières instructions, d'un
grand politique, on ne peut, sans admiration, voir
figurer le passage suivant :

« Votre Sainteté le sait; rien n'est plus difficile que
l'art des affaires. Je ne m'y suis entendu qu'après
bien des fautes; mais qu'on ne se méprenne pas! les
fautes instruisent. La plus grande faute est de trop
répondre. J'ai trouvé heureusement dans la secrétairerie d'État la bonne maxime de peu écrire et de bien
écrire. J'ai dû à cette maxime antique du Saint-Siége
beaucoup de succès. La punition suit de près la faute
de celui qui répond trop. On ne possède plus seul
quelquefois un secret important. On ment, et les men-
songes sont une mer sans fond. Un état de mensonge
est la vie habituelle de bien des cours. Un mensonge
à Rome perdrait tout un règne; sur-le-champ il faudrait un autre pape. »

Léon XII l'avait ainsi écouté durant près d'une
heure. Puis, tout d'un coup, il lui dit : — « Votre attitude au conclave ne m'a pas permis de vous nommer
secrétaire d'État. Mais j'envie le sort de Pie VII, qui
eut le bonheur de posséder un ministre tel que vous.
Ce bonheur ne m'est pas encore réservé. Della Sommaglia a quarante ans attendu la place de secrétaire
d'État. Il la possède et doit la conserver. Mais vous,
du moins, soyez préfet de la Propagande. Je vous
le demande, je vous en prie. »

Consalvi ne pouvait refuser. Il accepta. Puis, il prit congé du Pape et revint à Porto d'Anzio, laissant Léon XII dans la joie.

« — Quelle conversation! disait le Pape, après son départ. Jamais je n'en eus avec personne de plus importante et de plus utile à l'État. Quel homme que ce Consalvi! Nous travaillerons souvent ensemble. Mais, maintenant, il faut ne pas mourir! »

C'est la force du génie allié à un grand caractère, d'obliger ceux même qui semblaient s'éloigner de lui à aller au-devant de lui.

Mais ces espérances, tout à coup ranimées, devaient être trompées. Une faiblesse incurable, une langueur mortelle s'étaient emparées de Consalvi. Après l'entretien qui venait de consacrer sa réconciliation avec Léon XII, une réaction dangereuse s'opéra dans ce grand cerveau, et l'ardeur nouvelle qui tout à coup s'empara de lui, devait être le prélude de l'éternel sommeil. En peu de jours, on vit s'obscurcir cette belle intelligence.

Néanmoins, il se sentit mourir.

Mgr Bernetti, qui ne l'avait pas quitté, et qui eut le bonheur de lui fermer les yeux, se rendit en toute hâte auprès du Pape, dont Consalvi avait désiré la bénédiction, et ce suprême adieu alla du lit du pontife malade au lit du grand cardinal, apportée par le cardinal Castiglioni.

« — Hélas! s'était écrié Léon XII, dont la sœur était mourante, la mort me presse de tous les côtés; ma sœur! Consalvi! comment souffrir tant d'affliction! »

Le 24 janvier 1824, Consalvi rendit son âme à Dieu. Il avait soixante-sept ans. Il mourut au moment où, malgré la vieillesse, il allait peut-être encore pouvoir servir l'Église.

Léon XII versa d'abondantes larmes, et Rome prit le deuil.

Le même jour l'ambassadeur de France écrivait à son gouvernement :

« Ce n'est pas le jour convenable de vous entretenir des reproches fondés que l'on a faits à l'administration d'un pontificat de vingt-quatre ans ; elle n'a été traversée et interrompue que dans les temps de fureurs qui avaient tout renversé en Europe. Il ne faut aujourd'hui que célébrer cette mémoire honorée par les pleurs de Léon XII, par le silence des ennemis, enfin par la profonde douleur dont la ville est remplie, et par les regrets des étrangers, et surtout de ceux qui, comme moi, ont eu le bonheur de connaître ce ministre si agréable dans ses rapports politiques, et si attachant par le charme de son commerce particulier. »

Selon ses désirs, le cardinal Consalvi fut inhumé dans l'église de Saint-Marcel au Corso, où se trouvait la sépulture de sa famille. Son corps fut déposé à côté de celui de son frère, cet André dont nous n'avons guère parlé, parce qu'il n'appartient pas à l'histoire, et qui passe dans la vie du cardinal comme une ombre pâle, éplorée et touchante. Son cœur alla reposer dans le Panthéon d'Agrippa, où l'on peut voir son buste sculpté par Thorwaldsen. La modeste fortune de Consalvi alla aux pauvres et à quelques amis. Tous ceux qui l'avaient aimé eurent un souvenir, et la famille de son cher Cimarosa ne fut pas oubliée.

X

CONCLUSION.

Consalvi fut regretté, surtout par ceux qui ne l'a-
vaient pas trouvé suffisamment libéral. On n'apprécia
jamais mieux ses qualités et ses vertus que lorsqu'on
fut privé d'en jouir. Rome entière rendit hommage à
son caractère, et, dès le jour de sa mort, lui décerna
ce nom de Grand Cardinal, sous lequel on le désigne
encore aujourd'hui.

Avec lui, l'État romain perdait sa plus solide assise.
On s'en aperçut bientôt. L'éminent ministre disparu,
la ville éternelle va perdre quelque chose de son prestige ; le Saint-Siége, quelque chose de son influence.
Les griefs oubliés vont renaître. Consalvi vivant, on ne
songeait pas à regretter que Rome fût gouvernée par

14

des prêtres; Consalvi mort, cette objection sera sur toutes les lèvres. Avant lui, la place de premier ministre avait été sans éclat ; l'éclat qu'il lui avait donné, elle le perdra après lui.

C'est que Consalvi était surtout un homme d'État. Il savait que l'art de gouverner n'est que l'art de persuader, et nul ne le posséda plus fortement que lui. Il fit avec la parole plus de prodiges que d'autres avec la force. Ainsi se résume sa carrière diplomatique.

Quant aux affaires intérieures de Rome, il les avait étudiées, examinées et résolues avec une incomparable logique. Toutes les plaies du gouvernement romain il les avait sondées, et pour toutes il avait trouvé un remède, qu'il ne put appliquer que rarement. Quand il le put, les bienfaits furent immenses, comme on peut s'en convaincre en comparant la Rome de 1795 avec la Rome de 1824. Mais, le plus souvent, ces efforts furent annulés par l'inertie du Pape, et surtout par les influences humbles, sourdes, comprimées, mais vivantes, de ceux qui pensent que le gouvernement romain doit demeurer immuable.

Ce qui lui manqua, ce fut la fermeté. Il eut toute la finesse que Richelieu léguait à Mazarin ; il n'eut pas l'énergie du grand ministre de Louis XIII. Son honnêteté et son horreur du mensonge ne pouvaient en tenir lieu. On put un moment espérer qu'il anéantirait l'influence cléricale, qui est à Rome ce que la féodalité était à la France. La force lui manqua. Elle lui manqua pour deux causes expliquées, l'une par son tempérament, l'autre par son éducation. Homme d'ancien régime, les principes de la révolution lui semblaient une monstruosité, alors même qu'il sentait la nécessité de les appliquer. Il ne put jamais assez les comprendre ni se les assimiler pour les faire triompher autour de lui. On ne persuade bien que lorsqu'on est soi-même convaincu.

Néanmoins, tel qu'il fut, son long séjour aux affaires avait, en quelque sorte, transformé le gouvernement romain. Les ennemis des réformes commençaient à désespérer de leurs efforts. Les places n'étaient plus aux intrigants, mais aux capables. Les rigueurs de Paul IV contre les juifs n'existaient plus. Rome, en un mot, avait pris une physionomie nouvelle, et, au régime absolu pratiqué par Pie VI, avait succédé un régime plus libéral qui, continué par les successeurs de Consalvi, devait, en se développant, porter des fruits.

Malheureusement, les trois pontificats de Léon XII, de Pie VIII et de Grégoire XVI furent le triomphe des idées que Consalvi n'avait cessé de combattre. Les efforts du cardinal Bernetti, qui, seul dans Rome, essaya de reprendre les grandes traditions qui avaient, en quelques années, préparé, sinon consommé, la réconciliation de l'Église avec la démocratie naissante, ne purent aboutir. L'influence autrichienne, que Consalvi détestait et repoussait, même à l'heure où il luttait contre les sociétés secrètes, triompha dans Rome, au mépris des intérêts véritables de la Papauté.

Mieux avisé que ses prédécesseurs, Pie IX, renouant son pontificat à celui de Pie VII, osa revenir à la politique de Consalvi, s'en inspirer et même en dépasser le but. Véritablement libéral, le nouveau Pape voulut débarrasser son gouvernement des entraves qui gênaient son essor. Il prit comme base des réformes à opérer le fameux mémorandum de 1831 qui les contient toutes en germe, et, au milieu des difficultés les plus graves, fut lentement composée la constitution du 14 mars 1848. On sait le reste. On sait comment l'influence des anciens amis de Grégoire XVI d'une part, et d'autre part le souffle révolutionnaire qui courait alors sur l'Europe, vinrent tour à tour jeter dans l'esprit de Pie IX les indécisions et les alarmes, et comment l'assassinat de l'infortuné Rossi et le ministère Mamiani l'entraînèrent à quitter Rome.

L'armée française vint bientôt lui en rouvrir les portes. Mais le court exil de Gaëte auprès du roi Ferdinand, le souverain le moins libéral de toute l'Italie, en livrant le Pape, pieds et poings liés, aux influences de tous ceux qui accusaient la liberté des crimes de la démogagie, éteignit dans son cœur cette flamme qui, durant quelques mois, y avait brillé d'un si vif éclat. Pie IX rentrant dans Rome, après avoir fait une amère expérience de la liberté, n'avait plus le désir de rehausser par elle l'éclat du Saint-Siége. C'était à d'autres moyens qu'il comptait désormais faire appel pour maintenir sa puissance temporelle.

Cependant, la crise de 1848, dont Rome et la Papauté avaient, comme toute l'Europe, tant souffert, n'était pas un argument contre la liberté. Ce n'est pas l'exercice de la liberté qui fut la cause de cette crise. Tout au plus en fut-il l'occasion. Peut-être même prévint-il des conséquences plus désastreuses que celles qu'on eut à subir. Il est en effet permis de croire que si, en 1848, Pie IX n'avait pas été protégé par sa renommée de souverain libéral, il aurait vu son trône ébranlé et renversé plus violemment encore qu'il ne le fut.

C'est ce qu'il ne comprit pas assez, après avoir été rétabli par la France dans la plénitude de son pouvoir. Il trouva la première épreuve suffisante, et, malgré les conseils de celui qui devait être Napoléon III, conseils renfermés dans la mémorable lettre à Edgard Ney, il ne voulut pas en tenter une seconde, bien qu'à l'abri des baïonnettes françaises il pût le faire sans péril. Au lieu de marcher vers la liberté, il revint en arrière. Le *motu proprio* du 19 septembre avait promis une amnistie complète et des modifications libérales. Ces promesses ne furent pas mieux tenues que celles du *motu proprio* de 1816. Pie IX commettait les mêmes fautes que ses prédécesseurs.

Et cependant, n'est-il pas permis d'affirmer que si, loin de vouloir anéantir l'œuvre brutalement et fatalement interrompue en 1848, on l'eût reprise et continuée en 1849, la situation serait autre aujourd'hui que ce qu'elle est en réalité? Protégé par le drapeau français, le gouvenement pontifical ne devait-il pas user de cette protection pour séculariser l'administration romaine, pour proclamer dans les États du Saint-Siége le Code Napoléon, et pour donner aux Romains les libertés auxquelles ils ont droit? Ces réformes pouvaient successivement s'accomplir. Aucune d'elles n'offrait de dangers dans son application.

14.

La France était là. Ces réformes seraient bientôt entrées dans les mœurs ; elles devaient devenir une assise nouvelle et indestructible pour la souveraineté temporelle.

La Papauté, faite au joug heureux de la liberté et réconciliée avec la démocratie, aurait pu tendre la main à l'Italie. Chacune des puissances de ce pays serait à son tour entrée résolûment dans la voie ouverte par Pie IX. La confédération italienne se serait formée naturellement, sans efforts, sans secousses, et le programme de Villafranca, loin d'être dicté au lendemain d'une guerre et de demeurer à l'état de lettre morte, serait sorti des délibérations des princes italiens assemblés et aurait été exécuté.

Loin de voir se préparer d'aussi beaux résultats, la France, durant quinze années, a protégé à Rome un gouvernement réactionnaire, sourd à tous les conseils, opposant sans cesse aux avis les plus désintéressés le *non possumus* qui depuis longtemps semblait à tout jamais enfoui dans les archives de la chancellerie romaine. Les événements de 1859 sont venus. On n'a fait que des protestations ou des maladresses. On n'a pas cessé de recevoir des conseils de l'Autriche, tandis qu'on recevait des secours de la France, et l'heure est arrivée pour les troupes françaises de quitter Rome, sans qu'on ait songé à parer aux éventualités qui se pourraient produire après leur départ.

Aujourd'hui, la situation est grave : elle n'offre que difficultés et périls. Le gouvernement pontifical dépouillé, par la force des événements, de ses provinces

les plus riches, appauvri par des tentatives stériles,
ne possédant plus que Rome et ses dépendances, at-
tend, dans une inertie qui n'est pas sans angoisses,
cette date du 15 septembre qui verra le drapeau français sortir de Rome.

Les catholiques se demandent avec anxiété ce qui
surviendra dans ce moment solennel. Le Pape sera-t-il
obligé aussi d'abandonner Rome? Ou bien, ayant fait
appel par des mesures libérales à l'affection de ses sujets, soutenu encore par les puissances catholiques
qui voudront seconder cet effort tardif, se réconcilie-
ra-t-il avec la jeune Italie? Ce sont là des problèmes
dont l'homme n'a pas la solution. Mais nous croyons
cependant que cette solution est dans les mains du
gouvernement pontifical. Elle sera ce que Rome voudra qu'elle soit, et, au dernier moment, nous l'espérons, une grande inspiration viendra sauver l'Église
des malheurs qui l'accableraient si, une fois encore,
le Pape était obligé de quitter la ville éternelle.

Tandis que les catholiques se plaisent à caresser cet
espoir, les ennemis de l'Église, mêlant à plaisir,
comme le Saint-Siége l'a fait lui-même trop souvent,
le spirituel et le temporel, prédisent avec autant d'impatience que de joie une catastrophe éclatante et décisive. Dans leur pensée, le Pape hors de Rome, c'est
la mort de l'Eglise, et déjà, poussé par eux, un grand
cri a été entendu dans le monde : « Le catholicisme va
mourir. »

Ce cri blasphémateur n'est qu'une menace de pyg-
mée. Jésus-Christ a promis à son Église l'immortalité,
et sur la surface de la terre deux cents millions d'à-

mes ont foi dans cette promesse. Le catholicisme ne peut pas disparaître, non pas seulement parce que toutes les religions chrétiennes disparaîtraient avec lui, mais parce qu'il est la lumière du monde, et que le monde ne peut être sans lumière. Alors même qu'on le croirait disparu, il vivrait! il vivrait au fond des catacombes. Comme autrefois, c'est de là qu'il s'élancerait encore à la conquête de l'humanité, et le soleil serait éclipsé par un astre plus lumineux que lui, dont les rayons ne descendraient pas du firmament, mais sortiraient tout à coup des entrailles de la erre, remuée jusqu'en ses plus secrètes profondeurs!...

Depuis dix-huit siècles, l'Eglise a subi des attaques redoutables, et toujours elle a vu ses ennemis expirer à ses pieds, vaincus et repentants. Sans doute, nous connaissons les reproches qu'on peut aujourd'hui légitimement lui adresser. Le nombre de ceux qui professent la religion catholique n'a fait que s'accroître, et cependant son influence ne s'est pas accrue dans la même proportion. Si l'Eglise alimente encore des œuvres fécondes, elle n'en crée plus. Elle n'a plus l'éclat des anciens jours. Les saints ne s'appellent plus Augustin, Thomas d'Aquin, Dominique, François de Sales, Vincent de Paule; et la seule théorie qui fleurisse à Rome, c'est l'ultramontanisme, dont l'origine remonte au moins à Grégoire VII. Ce sont là des griefs d'une incontestable vérité. Mais nous démontrerons tout à l'heure comment ils sont appelés à disparaître, le jour où la puissance temporelle aura été transformée. En tous cas, ils n'enlèvent rien à la divinité de l'Eglise et à sa vitalité. Ce n'est donc pas pour elle que nous pourrons jamais concevoir des craintes. De Rome ou d'ailleurs, le vicaire de Jésus-Christ régnera sur le monde spirituel, et rien n'est plus coupable que les affirmations de ceux qui croient le sort de la catholicité attaché à la possession de Rome.

Toutefois, il y a lieu de se demander si la résidence du chef de l'Eglise catholique dans la ville où vint mourir saint Pierre n'offre pas des avantages puissants, et si tous les catholiques ne doivent pas fortement désirer qu'il s'y maintienne.

Avant de répondre à cette question, il faut d'abord répondre à celles-ci : « Le Pape a-t-il besoin, pour exercer son pouvoir spirituel, d'une indépendance absolue? Cette indépendance, peut-il la trouver sur un territoire dont il ne serait pas le maître? » Sur ces deux points, l'histoire, l'expérience et le sentiment catholique sont d'accord. Oui, il faut au Pape son indépendance, et cette indépendance il ne peut la trouver que sur un territoire lui appartenant, sur un territoire neutre, également respecté par toutes les puissances.

L'étendue de ce territoire, les forces que le Pape pourra y réunir, les ressources qu'il pourra en retirer, son autant de questions indépendantes du fait principal lui-même.

En effet, comme souverain temporel, le Pape ne peut jamais se défendre contre un voisin puissant. Le roi de Naples, l'empereur d'Autriche, Napoléon Ier, Victor-Emmanuel, ont dans les temps modernes occupé successivement les Etats Romains; d'autres conquérants y avaient passé avant eux, et jamais le souverain Pontife n'a pu songer à leur résister, et nul ne l'a essayé, à moins d'être soutenu par une puissance étrangère. L'héroïque folie de Castelfidardo n'est qu'une exception qui vient confirmer notre dire. Peu importe donc que ses Etats aient une lieue ou dix lieues d'étendue; il suffit qu'il y soit le maître pour qu'il doive se déclarer satisfait; plus son royaume sera de minime importance, et plus son indépendance y sera assurée par le prestige qu'exercera sur le monde le représentant de Jésus-Christ, détaché de tout ce qui, dans la souveraineté temporelle, n'est pas nécessaire à son pouvoir spirituel. S'il est plus pauvre que par le passé, la catholicité, par ses dons, le fera plus riche. Enfin, l'exiguïté même de ses Etats le débarrassera du fardeau d'un gouvernement dans lequel il est obligé d'être roi avant d'être pontife, s'il veut l'exercer pour le bien de ses sujets, et qui, depuis deux siècles, n'a été pour le Saint-Siége qu'une cause de persécutions quelquefois justifiées.

Ceci posé, il nous sera facile d'établir qu'aucune ville ne saurait mieux convenir que Rome à cette grande destinée de servir de résidence au chef de l'Eglise catholique, au souverain de deux cents millions d'âmes. Là sont les grands souvenirs, les splendeurs du catholicisme. Si la religion du Christ est née en Judée, c'est à Rome qu'elle a grandi, c'est de là qu'elle a peu à peu rayonné sur la terre éblouie à sa venue. Dans la seule ville de Rome il a coulé plus de sang pour la foi que dans le monde entier. C'est la foi qui a sanctifié, en les consacrant au culte du Dieu de

Pierre et de Paul, les vieux monuments du paganisme. Elle-même en a inspiré de nouveaux, et, à l'ombre de l'Eglise romaine, les plus doux et les plus vigoureux artistes de l'humanité ont affirmé leurs croyances par des œuvres immortelles attachées au sol ou tracées sur les murs. Enfin, depuis dix-huit siècles, les papes sont à Rome, et cette seule raison devrait suffire.

Donc, il faut que Rome soit au Pape. Mais il faut aussi qu'il s'y contente des possessions que les événements lui ont laissées.

Ici, les objections se dressent en foule. Puisque vous admettez, disent les uns, que le Pape doit être maintenu dans Rome, pourquoi contester qu'il doive être rétabli dans l'intégrité de ses anciennes possessions? Quoi! disent les autres, vous voulez laisser Rome au Pape; mais cette ville ne doit-elle pas être la capitale de l'Italie?

Aux premiers nous répondrons que, comme souverain temporel, le Pape est soumis aux éventualités que peuvent encourir les souverains de la terre. Sur le trône aujourd'hui, détrôné demain, est une destinée que beaucoup de princes ont subie et à laquelle il est sujet comme les autres. Si nous désirons qu'on lui laisse Rome, c'est pour des motifs qui se rattachent étroitement à son pouvoir spirituel.

Aux seconds nous répondrons qu'aucune raison ne peut faire désirer pour la capitale de l'Italie Rome plutôt que Florence. Les amis de l'unité italienne doivent même souhaiter qu'il en advienne autrement. Si l'idée de l'unité a eu tant de peine à prévaloir dans la politique, c'est à cause de la réprobation excitée parmi les catholiques par le projet qui devait enlever Rome au Pape pour en faire la capitale de l'Italie. Les catholiques, c'est-à-dire la moitié de l'univers civilisé, ne se rallieront franchement à l'unité que lorsqu'ils auront acquis la certitude que l'Italie a renoncé à Rome capitale. C'est ce qu'avait compris le plus fervent des patriotes italiens, le chevalier d'Azeglio, lorsqu'il combattait cette grande erreur politique du comte de Cavour. L'Italie, disait-il avec raison, n'a pas de droits sur Rome et ne doit pas désirer de s'y établir.

Les seuls droits respectables en cette affaire sont ceux des Romains. C'est eux, en définitive, que la solution à intervenir touche le plus; et assurément ils voudront conserver la Papauté, qui donne à leur ville un éclat que, sans elle, elle ne retrouverait plus, si la Papauté leur accorde des satisfactions qu'ils n'ont désirées vivement que le jour où d'autres contrées italiennes les ont obtenues, mais qu'ils réclament avec persistance. Ces satisfactions, il faut que le gouvernement pontifical les leur donne, et il ne peut les leur donner que par l'adoption des réformes politiques dont nous avons déjà parlé. Il s'assurera ainsi la possession de Rome, que l'Italie ne songera plus à lui enlever s'il se réconcilie avec elle.

Réconciliation de Rome avec l'Italie, voilà la grande idée pratique du moment, la seule qui puisse donner à la question romaine une solution définitive.

Nous savons, hélas! qu'elle n'a autour du Pape que peu de partisans. A Pie IX cherchant à se rapprocher de l'Italie, à entrer en relations avec elle, au

moins pour les affaires religieuses, de maladroits
amis tiennent ce langage que tenaient les émigrés à
Pie VII en 1800, au moment où il songeait à conclure le Concordat français : « Vous traiteriez avec
celui qui vous a dépouillé! Vous reconnaîtriez ainsi
les faits accomplis, dont vous avez été la victime. »

Pourquoi pas? Bonaparte n'avait-il pas imposé à
Pie VI le traité de Tolentino ? N'avait-il pas enlevé au
Saint-Siége la presque totalité de ses Etats? Cela put-
il empêcher le Concordat de 1801, le voyage du Pape
en 1804? Cela empêcha-t-il Pie VII de concevoir
pour le Premier Consul une vive amitié ? Voudra-t-on
nous dire que le Pape ne lui témoignait tant de déférence et d'attachement que dans l'unique espoir de
recouvrer ses Etats perdus? Qui oserait le soutenir,
surtout en face des dénégations énergiques de Pie VII
et de Consalvi? Pie VII traita avec Bonaparte parce
que l'intérêt spirituel le lui ordonnait, et assurément
ce même intérêt est aussi puissant aujourd'hui. Ce
qui était vrai pour la France en 1801, l'est également
pour l'Italie en 1866. Les motifs qui poussaient Pie VII
et Consalvi à se rapprocher de Bonaparte, doivent
pousser Pie IX et Antonelli à se rapprocher de Victor-Emmanuel. Agir autrement, c'est désavouer la
conduite de Pie VII ou laisser croire qu'en 1801 ce
Pape nourrissait des arrière-pensées.

Etablir à Rome un gouvernement de nouveau régime, ce sera le premier pas. Reconnaître l'Italie, ce
sera le second. Alors, plus de défiances possibles entre Rome et Florence. Rome acceptera l'Italie et re-
noncera définitivement à des provinces désormais

italiennes ; Florence respectera la Papauté indépendante sur son territoire actuel et abandonnera toute pensée d'aller à Rome.

Tel est le seul résultat vers lequel doivent tendre les esprits pratiques. Aucune autre solution n'est possible.

Ces idées, nous l'avons dit, n'ont pas cours dans Rome. Quelques ecclésiastiques haut placés, s'y étant rattachés et ayant essayé de les défendre, ont été traités en brebis galeuses. Il y a tout un parti autour du Pape qui lui rappelle sans cesse que ses prédécesseurs dépouillés, à plusieurs reprises, de leurs Etats, les ont recouvrés, et qui lui répète que lui-même, s'il les a perdus, il les recouvrera.

Les événements passés, à cet égard, ne prouvent rien, car le soulèvement des Romagnes, des Marches et de l'Ombrie en 1860 n'a rien d'analogue avec les faits de même ordre survenus précédemment. Jamais les Papes n'avaient vu leurs sujets se révolter contre eux, comme à cette époque, au nom d'une idée de nationalité.

Nous ignorons les destinées réservées à l'Italie, mais nous n'hésitons pas à affirmer que la Papauté ne conservera Rome qu'en entrant sans hésitation dans la voie que nous indiquons.

Sans doute une modification semblable n'est pas sans difficultés. Mais celles qui pourront en sortir, quelle que soit leur gravité, seront encore moindres que celles qui surgiront si le *statu quo* est maintenu. « Il ne faut pas s'imaginer, disait Mirabeau, pouvoir sortir d'un grand péril sans un péril, et toutes les forces des hommes d'Etat doivent être employées à préparer, tempérer, diriger et limiter la crise, et non à empêcher qu'il y en ait une, ce qui est entièrement impossible ; ni même à la reculer, ce qui ne servirait qu'à la rendre plus violente. » On ne saurait trop recommander ces graves paroles aux méditations du gouvernement pontifical.

Le cardinal Consalvi, qui se trouva parfois aux prises avec des difficultés redoutables, n'en eut jamais de plus redoutable que celle que nous venons d'exposer en indiquant les moyens de la combattre. Mais, certainement, elle se fût dressée devant lui, qu'il eût cherché à la résoudre en tendant la main à l'Italie, comme il tendit la main à la France. Il eût de la sorte et sans secousse sauvegardé le principe de la puissance temporelle et assuré l'indépendance du souverain.

Les réformes que nous conseillons et que nous désirons, parce que, selon nous, elles peuvent seules fournir une solution satisfaisante, ne sont pas de celles que Rome ne peut accorder. Il ne s'agit pas en effet d'un point de dogme, mais d'une question entièrement étrangère à l'ordre spirituel, et pour laquelle toutes les modifications sont admissibles. Ces réformes, en ce qui touche les Romains, Pie IX en avait commencé l'application ; donc il les jugeait bonnes.

En ce qui touche la réconciliation avec l'Italie, elles seraient encore justifiées par l'exemple de Pie VII traitant avec Bonaparte, même après Tolentino. D'ailleurs, n'existe-t-il pas une doctrine à Rome qui soutient que le Pape doit tolérer, pour le bien de l'Eglise, ce qu'il ne peut empêcher ? Cette doctrine, que Consalvi rappelle dans ses Mémoires, n'a-t-elle pas eu des résultats considérables ? N'est-ce pas elle qui a permis à quatre grands gouvernements européens d'intervenir dans les conclaves, grâce au droit d'exclusion, en vertu duquel ils peuvent repousser tel ou tel candidat? Or, si Rome a pu, dans cette grave opération de l'élection d'un Pape, opération purement spirituelle, accepter l'ingérence des gouvernements ; si un jour il y eut un Pontife qui put, sans violer ses serments, conclure le traité de Tolentino, et si son successeur put se rapprocher plus tard de celui qui avait dépouillé l'Eglise ; si tant d'autres faits viennent prouver sans cesse qu'en matière temporelle Rome n'emploie le *non possumus* qu'à l'égard des faibles et des timides, et peut toujours accepter ce qu'elle est impuissante à empêcher, comment admettre qu'une question d'intérêts temporels pourrait avoir séparé Rome de l'Italie? Comment croire que nous verrions se renouveler les tristes scènes du temps d'Henri VIII, et peut-être les exigences romaines entraîner, comme on le vit alors en Angleterre, tout un clergé national à se ranger derrière le souverain et à l'encourager dans une rébellion contre le Pape, poussée à ses plus extrêmes conséquences? Nous ne pouvons le penser. Malgré tout, nous avons foi dans la haute raison de Pie IX, et nous osons en attendre une décision qui épargnera à l'Église des douleurs cruelles et aux catholiques de cuisantes alarmes.

Pour nous, d'ailleurs, cette réconciliaton du Saint-Siége avec l'Italie n'aurait pas pour unique résultat d'assurer au Pape, avec la possession de Rome, son

indépendance. Elle préparerait encore la transformation sociale du catholicisme et l'accord si désirable du
Pontife romain avec la civilisation moderne. Rome
réconciliée avec le libéralisme et ouverte à tous les
progrès, les griefs formulés contre l'Église n'existe-
raient plus. Ils seraient détruits par les nouveaux
prodiges qu'elle accomplirait le jour où, rajeunie,
elle marcherait, comme autrefois, à la tête de la civilisation.

Au second chapitre de ce livre, nous avons indiqué
quelle tâche s'offrait à l'ambition de Pie VII et de Consalvi, rentrant dans Rome au lendemain de la révolution, et quels bienfaits en seraient résultés, s'ils
avaient pu l'accomplir. Avec l'Eglise transformée,
ces résultats seraient les mêmes aujourd'hui. Les sympathies du monde entier afflueraient encore autour de
la chaire romaine, et la Papauté retrouverait son influence passée.

Rappeler comment elle l'a perdue, c'est prouver
qu'en suivant les conseils de ses enfants les plus dévoués elle arriverait à la posséder encore.

Il y a peu d'annéees, le père Lacordaire écrivait ces
paroles significatives :

« Le gouvernement du Pape, et c'est son infirmité,
est un gouvernement d'ancien régime. »

Après lui, un homme éminent, M. Emile Ollivier,
développait devant le Corps législatif la proposition de
l'illustre dominicain :

« Le gouvernement temporel du Saint-Siége, disait-il, est un gouvernement théocratique et absolu.
Tant qu'il a été entouré, dans l'Europe entière, de

gouvernements qui avaient le même caractère que lui, il leur a été préférable parce qu'il était à la fois plus humain et plus progressif qu'eux. Le jour, au contraire, où tout autour de lui les gouvernements absolus ont été remplacés par des gouvernements constitutionnels et libres, le gouvernement temporel du Saint-Père, qui était le premier en civilisation, est devenu le dernier; et alors pour lui a surgi cette nécessité inévitable, ou bien de changer son propre système pour se conformer aux nouveaux principes en vigueur autour de lui, ou bien de condamner, d'anathématiser et, s'il pouvait, de détruire les systèmes nouveaux dont l'application était la condamnation du sien. »

M. Emile Ollivier indiquait ainsi tout à la fois les causes de l'infériorité du pouvoir temporel du Pape et de l'altération qu'a subie l'influence de l'Eglise. En effet, les papes, n'ayant pas voulu modifier leur gouvernement, ont eu recours aux armes spirituelles, soit pour repousser les réclamations qui leur étaient adressées à cet égard, soit pour revendiquer les droits purement temporels qu'ils avaient successivement perdus. C'est ainsi qu'en décembre 1864, nous avons vu Pie IX, à l'exemple de ses prédécesseurs et à l'instigation des ultramontains féodaux qui veulent rétablir l'ancien régime en Europe, lancer une lettre encyclique et un *syllabus* qui n'ont causé partout qu'indignation ou tristesse.

Mais, en employant de telles armes, en affirmant des principes qui, si de nouveau ils pouvaient triompher, seraient la condamnation de tout ce qui s'est fait de grand en Europe depuis un siècle et devraient avoir pour conséquence logique le rétablissement de l'inquisition ; en se défendant de la sorte contre les envahissements des idées libérales aujourd'hui acceptées, reconnues, pratiquées dans le monde, les Papes ont abandonné leur rôle purement évangélique et attiré sur l'Église elle-même presque la déconsidération.

Il appartiendrait à Pie IX de revenir sur cette politique stérile et fatale, de tendre la main aux principes de la révolution et de changer ainsi l'état de choses qui vient d'être signalé. Ce serait rendre désormais inutiles les encycliques comme celle de 1864 et faire disparaître toutes les causes de division. Le Concordat, les articles organiques, les libertés gallicanes, ne seraient plus l'objet de querelles inutiles et d'un détestable effet. Si Rome marchait avec les idées modernes, elle n'aurait plus à les combattre, sous aucune de leurs formes, puisqu'elle trouverait en elles non un obstacle, mais un appui, et l'Europe, n'ayant plus à être témoin de résistances qui l'irritent ou l'affligent, rendrait à l'Église ses sympathies et ses respects.

Nous avons l'espoir que c'est par là que se fermera la crise que traverse la Papauté. Cette solution, nous la désirons de toute notre âme, car elle est la seule qui puisse attirer le triomphe de l'Église et éviter au monde de nouvelles calamités.

Au sein de l'Église, deux écoles sont en présence. D'une part, l'ultramontanisme exagéré qui jette à certains moments en pâture à la société catholique des documents tels que l'encyclique et le *syllabus*, faits pour désespérer ceux qui croient à la nécessité d'une alliance étroite entre l'Eglise et la liberté, et qui forment l'autre école. La première combat la liberté religieuse et la liberté de conscience ; la seconde les défend. L'une prétend transformer les souverains en vassaux du Pape, les tenir sous ses foudres et exercer dans leurs Etats une véritable juridiction ; l'autre déclare par la voix de ses adhérents les plus éloquents « qu'il faut renoncer d'une manière absolue à toute espèce de priviléges en faveur du catholicisme et protester contre toute pensée de retour à ce qui irrite la société moderne. » Entre ces deux opinions, le Pape doit choisir et prononcer. Avec la première, la réconciliation de l'Eglise et du monde moderne est impossible, avec la seconde elle est assurée.

Pour quiconque jette sur le passé un regard attentif, un fait est évident : c'est qu'initié d'abord à la civilisation par le catholicisme, le monde moderne a plus tard dépassé son guide, qui n'a plus voulu ni le devancer, ni le suivre, ni marcher avec lui dans les voies qu'il lui avait ouvertes. L'Eglise est demeurée stationnaire, et là est le mal. Pour le faire cesser, il faut qu'elle se remette en marche et qu'elle éblouisse le monde par un grand acte de désintéressement.

Les plus illustres et les plus dévoués de ses enfants, gallicans et ultramontains libéraux, de Bossuet à Lacordaire, ont déclaré que la place du catholicisme doit être, comme autrefois, à l'avant-garde de la civilisation, que hors de là sa situation devient précaire et ne lui laisse pour tout prestige que le seul éclat de ses grandeurs passées, ce qui est insuffisant pour lui assurer l'influence dont il doit jouir. Qu'il reprenne donc sa place, et aussitôt sa grandeur apparaîtra à tous les yeux, et de nouveau des œuvres civilisatrices et fécondes sortiront de ses flancs.

Telle est la conclusion à tirer des événements que nous avons racontés, conclusion inspirée par les aveux de Consalvi, non moins que par les faits eux-mêmes. Rien ne peut logiquement empêcher la réconciliation de la religion et de la liberté. Pour qu'elle s'accomplisse, il suffit que le pape renonce à vouloir dominer la société chrétienne et ne cherche qu'à la pacifier. Pour dominer, il faut la force; pour pacifier, il ne faut que la persuasion. L'Evangile à la main, le souverain Pontife peut persuader le monde; les armes à la main, il ne peut que l'irriter sans arriver à le dominer.

FIN.

NOTE A CONSULTER.

Il y a dans ce livre de nombreuses citations, les unes
extraites de documents inédits ou peu connus, déposés
dans nos archives ; les autres empruntées à des ouvrages
publiés depuis le commencement du siècle. Afin de ne
pas surcharger de renvois les pages qui précèdent, on n'a
pas indiqué au bas de chacune d'elles la source de ces
citations. Mais, à défaut de cette indication, le lecteur
trouvera ici la liste des documents et des principaux ouvrages où l'auteur les a puisées. Voici cette liste.

Archives de l'Empire.	Cartons du Concordat.
Id.	Affaires religieuses sous Napo-léon Ier.
Archives des Cultes.	Concordat de 1801. Correspon-dance de Spina avec Consalvi.
Id.	Correspondance de Consalvi avec Caprara.
Id.	Papiers de Caprara.

Archives des Cultes.	Correspondance de l'abbé Bernier.
Id.	Divers documents sur le Concordat de 1817.
Bibliothèque Impériale.	Un grand nombre de brochures.
Id.	Pièces cataloguées sous la dénomination : *Histoire religieuse.*
Consalvi.	Mémoires.
Artaud.	Vie de Pie VII.
Id.	Vie de Léon XII.
Crétineau Joly.	L'Eglise romaine en face de la Révolution.
De Pressensé.	L'Eglise et la Révolution française.
L'abbé Lionnet.	Vie du cardinal Fesch.
Thibaudeau.	Mémoires.
Thiers.	Le Consulat et l'Empire.
Stendhal.	Promenades dans Rome.
De Pradt.	Les quatre Concordats.
Id.	Le congrès de Vienne.
De Garden et de Martens.	Collection de pièces diplomatiques.
Pacca.	Mémoires.
Bourrienne.	Mémoires.
Lafayette.	Mémoires.
Napoléon Ier.	Correspondance.
Id.	Mémoires.
Id.	Mémorial de Sainte-Hélène.

Montalembert.	L'Eglise libre dans l'Etat libre.
De Viel-Castel.	Histoire de la Restauration.
Du Casse.	Mémoires du roi Joseph.
Amigues.	L'Etat Romain depuis 1815.
Ed. Laboulaye.	Le Parti libéral.
Mavidal et Laurent.	Archives parlementaires.
Hardenberg.	Mémoires d'un homme d'Etat.

TABLE DES MATIERES

Introduction   1

   I. Le conclave de Venise (1799-1800)............... 13

  II. Consalvi secrétaire d'État (1800-1801)............. 31

 III. Concordat (1801)................................... 48

 IV. Exécution du Concordat (1801-1802).............. 86

  V. Consalvi jusqu'à l'arrestation du pape (1801-1807). 105

 VI. Consalvi en France (1809-1813)................... 144

VII. Consalvi au congrès de Vienne (1814-1815)........ 175

VIII. Concordat (1817)................................... 191

 IX. Consalvi jusqu'à sa mort (1814-1824)............. 214

  X. Conclusion...................................... 241

Note à consulter...................................... 263